本书由嘉道理慈善基金会
"河南省农村地区学前融合教育试点项目"支持出版

YOUERYUAN DE MEIHAO SHIGUANG

幼儿园的美好时光

蔡蕾　杨思维　蔡春 ◎ 编著

河南大学出版社
HENAN UNIVERSITY PRESS

·郑州·

图书在版编目（CIP）数据

幼儿园的美好时光 / 蔡蕾, 杨思维, 蔡春编著. -- 郑州：河南大学出版社, 2021.12
ISBN 978-7-5649-4934-1

Ⅰ.①幼… Ⅱ.①蔡… ②杨… ③蔡… Ⅲ.①学前教育－教育研究 Ⅳ.① G61

中国版本图书馆 CIP 数据核字 (2021) 第269819号

策　　划	谌洪波
责任编辑	林方丽
责任校对	陈　巧
封面设计	翟淼淼　王紫薇

出版发行　河南大学出版社
　　　　　地址：郑州市郑东新区商务外环中华大厦2401号　邮　编：450046
　　　　　电话：0371-86059715（高等教育与职业教育出版分社）
　　　　　　　　0371-86059701（营销部）
　　　　　网址：hupress.henu.edu.cn
印　　刷　河南瑞之光印刷股份有限公司
经　　销　全国新华书店
版　　次　2021年12月第1版　　　　　　　　　印　次　2021年12月第1次印刷
开　　本　710 mm×1000 mm　1/16　　　　　印　张　15.5
字　　数　186 千字　　　　　　　　　　　　定　价　62.00 元

（本书如有印装质量问题，请与河南大学出版社营销部联系调换。）

序

生命总是充满奇迹，然而，奇迹却不会自然发生，它需要爱与教育来孕育。当一棵树摇动另一棵树的时候，树叶就随着风儿飘舞；当一颗心感动另一颗心的时候，美好就不知不觉发生。我们总会感叹，一株幼苗居然能够长成参天大树，一棵小草竟然能够历经风雪迎来春天。我们在感叹生命的力量的时候，却经常怀疑我们面前的孩子能否成为"别人家的孩子"。尤其是面对身有残障的儿童，即使是专业的特殊教育（简称"特教"）工作者，也往往会失去当初的乐观与期待。或许这就是我们需要俯下身子做教育的原因。我们需要站在儿童的那个并不高的高度，以孩子的眼光去打量这个世界。当我们用一颗童心去感知、去触摸这个时而冰冷、时而火热的世界的时候，我们能够更清楚如何去教育儿童。我们是儿童的老师，但我们应在学习儿童的过程中教育儿童。

在我 30 余年的融合教育职业生涯中，每每在失望与低落的时候，总有一束束阳光从理想的窗户照进现实，让我重拾前行的勇气。那一束束阳光中，有我许多年轻活泼、充满朝气的学生，有特教天地中携手同行的良师益友，有特教第一线俯首耕耘的实践者，更有那步履蹒跚却永不放弃的残障学生。你总以为那些残障学生可能什么都做不到，但其实就连我们没有想象到的他们也总可以做到。制约我们的永远是我们对学生的期待，他们会给我们带来惊喜，可我们却总没有准备好收获这些奇迹。这大概是融合教育的最大魅力之所在。

云溪就是个奇迹！她的障碍与困难曾经让我有多难过与绝望，她的进步与成长就给了我多大的惊喜与勇气。她的变化告诉了我，在生命的力量面前，一切专业的技术是多么卑微。教育如果不尊重与理解生命的真谛，再复杂的专业技术也只能事倍功半。今天的特殊教育中，多的是所谓的科学方法和"神化"的专业技术，但缺的是一颗颗鲜活的童心和充满激情的想象力。

云溪是2016年衣恋集善融合教育试验点项目支持入园的一名特殊需要儿童。我每次去郑州市管城回族区奇色花福利幼儿园（简称"奇色花"），都要看看云溪，看她唱歌、跳舞，看她和小朋友们做游戏。我初看她跌跌撞撞，努力跟上其他孩子的脚步。我又看其他孩子和她玩耍，他们在自然而然的互动中成长。我看她跌倒和爬起，哭闹又欢笑。人所具有她皆具有。我越看她，我越忘记了她是一个有着多重残障的孩子。我越看她，我越是看到了"儿童"两个鲜活的字。当我抱着她走过平衡木、爬上滑梯，听她和小朋友一起唱《你笑起来真好看》的时候，我感觉心都要融化了。我好像回到了自己的童年，感到生命是如此之美好！谢谢你，云溪，你让我看到了我已经很久没有看到的生命的多彩颜色。

2021年夏天，云溪从奇色花毕业了。当蔡蕾老师把《幼儿园的美好时光》的书稿发给我，邀请我为这本书作序时，我仍然无法想象五年前那个瘦瘦小小的、走起路来跟跟跄跄的小云溪，如今在融合教育的环境中，能成长为这般模样。毕业典礼上，云溪落落大方地和同学们一起表演节目，走起路来自信又"带风"，我不禁在心里想，这还是同一个云溪吗？我期待，她有美好的未来人生，这是她应得的；也期待，所有的孩子都有幸福美好的未来，这是他们应得的，也是我们应该为之努力的！

《幼儿园的美好时光》记录了云溪从上幼儿园到毕业的点点滴滴，每一个生动的故事、每一张精彩的照片、每一份真实的表格都见证了她的成长和变化，但这些变化又绝对不是自发产生的。我们常说，真正的融合教育不是简单的教育场所安置，而是让每个有特殊需要的儿童在没有歧视、最少受限制的环境中，接受最适合自身特征的教育，接受常态、科学的教育，这一点在云溪的"幼儿园的美好时光"中得到了充分的体现。云溪会自己用筷子、穿衣服、上台阶……这些看起来好像是理所当然、微不足道的进步，但如果你细看这本书，就会发现它是经过一次次评估、一个个目标设置、一天天练习实现的。老师的支持，家长的配合，系统科学的评估，个别化的教育计划，不懈的坚持和练习……正是这些造就了云溪不可思议的变化，而这也充分体现了奇色花老师们的专业和付出。

云溪在幼儿园的进步和变化再一次证明了学前融合教育的价值和意义，幼儿园本来就应该是融合的。儿童首先是儿童，但每个儿童又不同。任何一个植物园都不缺多种多样的花草，同样，任何一个幼儿园都不缺各种各样的儿童。融合是学前教育的必然，是幼儿园的本质特征。幼儿园天然就是融合的，因为它要应对儿童的多样性，为他们打造五彩斑斓的童心世界。学前阶段，儿童以游戏活动为主，学业课程分量少,容易吸纳差异性较大的儿童在一起快乐游戏、成长,更容易推进融合教育,并带动幼儿园开设更加灵活多样、优质适性的教育活动。儿童眼里是没有歧视和嘲笑的,学前融合教育能为儿童埋下公平善良、乐于助人的种子,为他们的美好人生奠定基础。充满歧视、排斥的人生是狭隘的,也是不幸福的。学前融合教育能够发扬人性中真、善、美的品性,让儿童天生具有的美德得到保护和发展,为儿童未来的美好人生增光添彩。

云溪的教育成长历程也促使我们教育工作者不断反思自身的实践和研究。儿童的障碍程度不应该成为判定他/她能否在普通教育系统中接受教育的唯一标准,我们也绝不能低估残障孩子在融合环境中可以被激发出来的潜能。事实上,教育是激发每个生命的潜能,把个体的天赋转变成能力的必经之路。唯融合是残障儿童的教育康庄大道,融合应从娃娃抓起。是为序,并与奇色花同人共勉!

2021 年 12 月 22 日

于华东师范大学田家炳教育大楼 711 室

编者的话

在学前融合教育的推广和培训工作中，常常有同行希望能有机会阅读特殊需要孩子的档案资料，因档案较为厚重无法携带且有保护孩子隐私的需要等原因，我们常常不能满足同行的需求，并为此感到难过和遗憾。三年前，我们申请了嘉道理慈善基金会的项目，就有了出版一本档案集的机会。项目团队期待这本档案集要有一个好听的名字，要有一个感人的主人翁，要在奇色花内部招募一线教师来编写。在这样的期待下，我们就酝酿了《幼儿园的美好时光》这本书的编写计划。经过精心选拔，一位年轻的一线教师肩负了重要责任，担任统稿主编，特殊需要孩子王云溪被大家一致推荐为小主人翁。

因为云溪的多重障碍，她差一点错失了幼儿园融合教育的美好时光；因为云溪的多重障碍，她又幸运地成为衣恋集善融合教育试验点项目的受益者；因为云溪的多重障碍，跨国界、跨专业团队的合作支持得以美好展现；因为云溪的多重障碍，奇色花团队的专业理念和技能获得快速提升。看到当年被医生断言戴着头盔才能出门、瘦瘦弱弱的她，而今已长成活泼可爱的大姑娘，阳光、快乐、自如地在幼儿园及社区生活，我们不禁发自内心地感叹融合教育的魅力和生命的奇迹！我们感恩云溪给我们为她和她的家庭提供服务的宝贵机会，感恩她带着我们走进她融合幼儿园的美好时光!

四年中,在云溪和同伴之间、云溪和教师之间、云溪和专家学者及专业治疗师之间、教师和教师之间、教师和专业团队之间发生了数也数不清的感人故事。四年中,幼儿园积累了丰富的档案资料,这些资料成为云溪融合教育的宝贵财富,也珍藏着云溪、家长、教师和她的所有支持者美好的记忆。曾经用爱和专业陪伴、支持她的老师们都义不容辞地投入资料的收集、甄选工作中。特别感谢梁田田、田亚红、朱秀花、程凡、王敏、刘冰、薛娇、文芳、徐芳莉、李海丽老师的大力支持和帮助,她们贡献着自己的工作成果和智慧,让我们可以一起享受这个美好的过程,体悟"生命影响生命"的真谛。

书籍的初稿写完了,我们欣喜却又有一丝惆怅:平铺直叙显然过于单调,缺少情趣;按部就班也似乎太过古板,没啥味道。究竟该用什么样的方式和口气来生动形象地讲述这四年的美好时光呢?于是,撰写团队里又多了一个伙伴,她有着特殊的身份:一位奇色花普通生家长,长期志愿者,融合教育的倡导者,特别值得一提的是她曾在奇色花最需要人力支持时与我们做过一段时间的同事。她提出要以云溪的身份来讲述这些故事。在通读书稿的基础上,她特意与老师们一起聊天,下到班级切身体验……终于,经过她的巧妙构思,小云溪开口"说话"了,云溪情真意切,娓娓道来,"讲述"着她在融合幼儿园的美好时光。

最后,我们要感谢云溪和她的父母,愿意一起讲述云溪的故事,见证云溪的成长;感谢河南大学出版社的谌洪波主任,给"草根"作者自信和机会,安排特别有经验、特别专业有爱的责任编辑;感谢嘉道理项目负责人魏慧敏老师对书稿的撰写提出的许多建议；感谢嘉道理项目负责人卢瑶瑶老师以她深厚的文字写作功底及撰写书籍的经验倾力支持该书的撰写和排版，多次和出版社协调沟通；感谢同事王紫薇老师为本书手绘封面插画；感谢书中照片上所有的小主人翁们，谢谢你们的爸爸妈妈敞开心扉，让我们使用这些照片。在编写过程中难免有不足和疏漏之处，望各界同人批评指正。

《幼儿园的美好时光》通过故事的讲述及专业流程实操档案，呈现了云溪的成长过程，建立了具有幼儿特点的过程性评价体系，是云溪自己从事各种活动的成果记录，其内容包括教师、跨专业人士及家长对云溪的评量、计划、观察记录，云溪的作品、照片、自我评价等各种反馈信息，这样的过程离不开家长、云溪、教师以及跨专业人士的共同参与，其中教师运用专业知识分析教育实践，解决问题，读懂孩子的语言，调整自己的教育行为，不断地反思和实践。

让我们一起努力，走进《幼儿园的美好时光》，享受融合教育的美好；一起记录、撰写融合幼儿园的美好时光，给所有孩子更美好的童年记忆。

编者

2021.12

目　录

- 第一章　再见，幼儿园 / 001
  - 一　我们毕业啦 / 003
  - 二　我当演员了！
    ——《生命影响生命》参演感悟 / 005

- 第二章　奇遇 / 009
  - 一　这就是我 / 011
  - 二　我要上幼儿园 / 013

- 第三章　你好，幼儿园 / 017
  - 一　我上幼儿园啦 / 019
  - 二　欢迎老师来我家 / 033
  - 三　欢迎来到水果班 / 034

- 第四章　幼儿园的时光 / 037

    一　小小的我（小班）/ 039

    二　天真烂漫的我（中班）/ 071

    三　成长自信的我（大班）/ 138

- 第五章　你们还好吗？我……还好！/ 211

    一　我的小书包 / 213

    二　美好明天 / 235

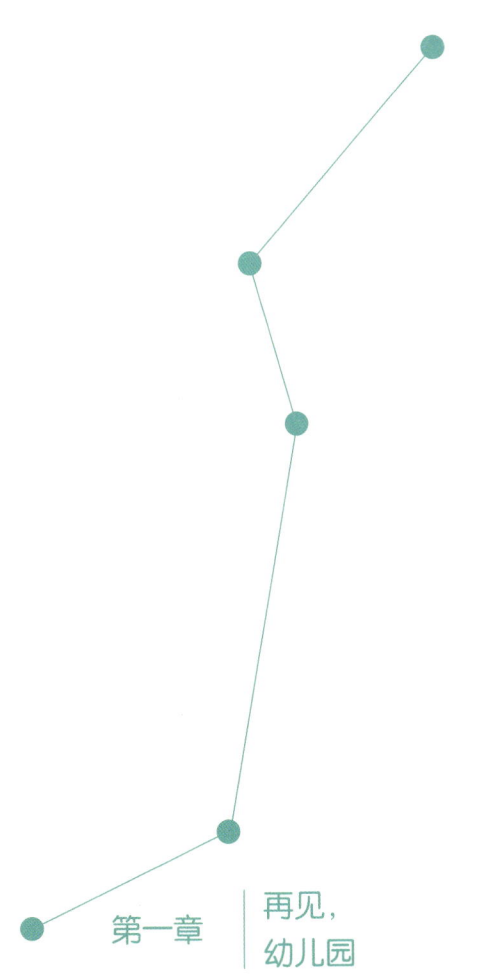

我们不一样

我们都一样

在融合幼儿园里

我们跟小伙伴都一样

我喜欢微笑的老师

我喜欢手拉手的同伴

这里的生活

是我生命中最美好的记忆

……

第一章 | 再见，幼儿园

一
我们毕业啦

我们就要毕业了。由于家庭的原因,我的好朋友希希和贝贝要先离开幼儿园。小伙伴和各自的爸爸妈妈有人制作糕点,有人购买食品,还有的小朋友把贺卡和玩具带到幼儿园,我们把桌子摆得像吃自助餐一样。

橙子老师好舍不得我们离开幼儿园,希希和贝贝也是。橙子老师问谁想在这跟希希和贝贝说一下心里话,我把手举得高高的,我知道我说不清楚,可我真的很想说。老师就请我,我走上前拥抱了希希和贝贝,然后,一个字一个字地说:"我——会——想——你——们——的,你——们——是——我——的——好——朋——友!"我讲不连贯,有的字也说不清,但我知道这是我长这么大说得最长的一句话!你听,老师和小朋友们都在为我热烈鼓掌呢!虽然有点小害羞,回到座位时,我还是揽着身边博或的肩膀:"你——会——不——会——想——贝——贝?"他点点头。我是大姐姐呀,所以我赶紧伸出大拇指:"博——或,你——真——棒!"老师走过来抱了抱我。

咯咯咯咯,棒棒的云溪就要毕业了,快来看我的毕业照(如图1-1所示)!

幼儿园的美好时光

图 1-1 毕业照（像小花一样的我，第一排右数第三）

我以为毕业就像我去了大一班，我亲爱的海丽老师去了大二班那样的分开呢。所以，我一点也不伤心，甚至有点小期待。课间时我可以去看我的老师呀！她忙，我就远远地看看她，等得到老师的回应，我就开开心心地离开。有时，老师还会跑过来抱抱我亲亲我。哈哈，我会开心好长时间呢！

我的海丽老师什么都好，就是爱哭鼻子。毕业典礼那天，几位老师表演手指谣《凤凰花开的路口》。这个我也会呀，所以，当音乐响起后，我就走到海丽老师对面和她一起做了起来。结果，她一边表演一边流着眼泪看着我。

幼儿园的毕业典礼和毕业欢送会举行后，早几天离园的小朋友再也没回来。毕业并不是我想的那样，我又不想毕业了。

老师和爸爸妈妈都说，云溪长大了，不能老待在幼儿园里，云溪要上小学，上中学，上大学……云溪会遇见更多好老师，交更多的好朋友。

爸爸妈妈还承诺经常带我回幼儿园，等我长大了，也可以自己回幼儿园。

第一章 再见，幼儿园

二
我当演员了！
——《生命影响生命》参演感悟

云溪：幼儿园的老师编写了一个情景剧，让我担任了主角（剧照《生命影响生命》如图1-2所示）。我当演员了，哈哈，我的小眼睛只剩一道缝儿了！

剧中，王敏老师演我的妈妈，老师本来就跟妈妈一样啊。第一次排练我就叫她妈妈了，发自内心的啊，一点也不害羞呢。只是演我爸爸的那个叔叔，我有那么一点点……呵呵，叔叔不勉强我，不拉手就不拉呗，他还跟我玩，给我说很多话，他让我相信他是一个好爸爸，他说他也相信我会做最好的云溪！

图1-2 剧照《生命影响生命》

大家耐心地给我讲解，一遍遍教我，我很快进入了角色，叔叔说我不是在演戏呢！所以第二次排练时，我就直接喊他爸爸了，他笑了，但为什么他会一边笑一边流眼泪？

我想告诉大人们，其实，演戏就如同我们过家家，一点儿也不难，只是换了地方和演员……那个什么而已……

大家要去看我演的情景剧啊，在那个什么什么号里，叫老师告诉你怎么去吧。我想做个小广告，感觉没有做好，就是真心想让你看我的演出！

王敏老师： 我去的时候，老师已经给她讲了我演她的妈妈，第一眼看到我，她就叫着妈妈跑向我！太让我震惊了，进入角色的速度比我还快。更令人惊讶的还在后面呢，从排练到演出，一直喊我妈妈的小云溪，在剧外和我偶遇，我等着她叫妈妈呢，结果她用"王——老——师——好！"和我打了个招呼！角色转换得也太快了吧！这还是前两年我到宅服务的那个小云溪吗？！

连金海（饰演爸爸）： 和云溪相处的那段时间，我觉得小姑娘不是在演戏，她是整个身心都投入了进去。那种化茧成蝶前的挣扎和苦痛深深刺痛了我，她紧抓大门栏杆要上幼儿园的场景太真实了。我甚至找老师商量换下她，我怕一遍遍排练伤害到她。橙子老师说她是一个勇敢的小姑娘，请我相信她！

我跟她说过，相信她能做最好的自己，她用无邪的双眼看着我，她可能不完全明白我的意思，但她真的做到了，真的！

希希： 从舞台上下来，我看到大人们的脸都是湿漉漉的。我问眼睛也是红红的妈妈："妈妈，是不是我们演得好，你们被感动了？""是呀！"妈妈说，"你的好朋友云溪，云溪，云溪的那双眼睛会说话!""那我呢?妈妈,我呢?""你也棒,云溪……"唉,妈妈感动得忘了她的女儿也是演员……

芳莉老师:我们不一样

我们都一样

在融合幼儿园里

我们跟小伙伴都一样

我喜欢微笑的老师

我喜欢手拉手的同伴

这里的生活

是我生命中最美好的记忆

……

云溪:演出虽然结束了很久很久,但是家长和老师们的深情朗诵一直萦绕在我耳边……

这是我们的视频号(老师告诉我的),谢谢大家对融合幼儿园,对我的支持!

如果你想观看我们的情景剧,就请扫图1-3吧。

图1-3 情景剧《生命影响生命》

如果你很好奇我和我的幼儿园,就请你耐心地听我讲我和奇色花的故事吧!

找呀找呀找朋友
找到一个好朋友
敬个礼呀握握手
你是我的好朋友

第二章　｜　奇遇

一 这就是我

我小时候去得最多的地方就是爸爸妈妈口里所说的医院了。医院也还好吧,我喜欢医院里戴着口罩的医生,那口罩上面的每一双眼睛都有光。可是,我的爸爸妈妈好像不喜欢,因为每次去他们都会哭,我知道哭就是伤心。我不想让他们伤心,就不想让他们带我去医院,但我不会说,只好大哭。大人们也真固执,不管不顾的还是一趟趟跑医院。我去时他们哭,拿回一张张所谓的诊断单时他们也哭,就这么哭着哭着攒了厚厚的一叠单子,他们不哭了,也很少带我去医院了。

家里有爸爸,有妈妈,有姐姐,还有一个会唱歌的布娃娃,还有我。我不会说话,但我会笑啊,我知道笑就是开心,我就经常对爸爸妈妈和姐姐笑,我要做他们的开心果!

我好羡慕我那会唱歌的布娃娃。高兴时,我就让它给我唱歌,伤心时,我就不让它唱了。爸爸看到我摆弄布娃娃,直说:"我们家云溪掌握了开关呢,真棒!"

偶尔,会听到爸爸妈妈在那叹气:"我们的云溪什么时候能去幼儿园呢?能在那和小朋友一起玩呢?"幼儿园?幼儿园是个什么样的地方呢?比医院好吗?比家好吗?小朋友?小朋友就是布娃娃唱的"找呀找呀找朋友,找到一个好朋友,敬个礼呀,握握手,你是我的好朋友!"里的那个小朋友吗?我好想去幼儿园,我好想找小朋友!

有一天，妈妈带我到小区外面玩，指着一个好大的，里面有好漂亮的房子，还有好多小朋友的院子跟我说："看，这就是幼儿园，里面有很多很多的小朋友，还有老师。"我看到了呢，看那边，有个小朋友在哭，老师正抱着哄呢。咦，老师像妈妈一样！看到我开心的样子，妈妈又说："回头我们也送云溪去玩，好不好？"回什么头呀，现在就去呗！我紧紧抓着大门上的栏杆，妈妈费了老鼻子劲才把我拖走。

姐姐说："云溪都快四岁了，你们给她找个幼儿园吧。"

"找了呀！"爸爸说，"不知跑了多少家，这样的孩子，人家不收哇。"

这样的孩子？"这样"是什么样？

慢慢地，我晓得了。原来，我出生时缺氧导致身体、智力发育迟缓，和同龄人比，语言、行动滞后，身高更是矮了一大截，走路不稳，容易摔跤，还不会自己吃饭……

后来，爸爸妈妈经常带着我到各个幼儿园外转悠，偶尔，我还会抓着幼儿园的栏杆不撒手，想让那像妈妈一样的老师抱抱我亲亲我。"更多时候是她静静地用无限羡慕的目光追逐着那些嬉戏的孩子，她还对那漂亮的房子充满神秘的向往。"爸爸总这么和妈妈说，还说他很心痛……

二
我要上幼儿园

看到"要上幼儿园的种子"在我心中发芽,爸爸妈妈那个急呀!

有一天,妈妈在电视上看到了奇色花的报道,知道奇色花招收"这样的孩子"(特殊需要儿童),就给幼儿园打去了咨询电话。因排队入园的"这样的孩子"太多,老师建议妈妈先带我去幼儿园看一看。

秋高气爽的一天,妈妈抱着我,我抱着我那会唱歌的布娃娃,在爸爸的带领下,踏上了去奇色花的路。一路上,爸爸妈妈也不说话,在一拐弯看到幼儿园那一瞬间,爸爸长长地叹息了一声:"这条路真长!"长吗?我觉得还好吧。妈妈接着说:"希望这次,我们的云溪能如愿以偿!"

"你好!云溪爸爸是吧?你们到了?……好的,稍等,我去接你们。"

爸爸放下电话,我们就看到一胖一瘦俩老师笑眯眯地跑过来。做完自我介绍,她们把我们迎进门,胖胖的朱老师就开始逗我玩,看我不认生,就迫不及待地从妈妈手中接过我,因判断失误,用力过大,把本应抱入怀中的我一下举到胸前了!她满脸惊讶:"好轻啊!"咯咯咯,我开心地笑了。瘦瘦的田老师说:"这孩子真乖!高兴得小眼睛只剩一道缝儿了!"

幼儿园的美好时光

好几个老师轮流着陪妈妈、我和我那会唱歌的布娃娃在院子里玩,朱老师说她们要带着爸爸去聊一聊,填写表格什么的。(填写的"幼儿咨询登记表"如表2-1所示)

表2-1 幼儿咨询登记表

幼儿咨询登记表					
幼儿姓名	王云溪	性别	女	出生年月	2012年10月1日
障碍类型	发育迟缓 多重障碍(语言、运动、视力、听力等)		电子邮箱	父	××
				母	无
住　　址	河南省郑州市××区××路××小区××楼××单元				
监护人姓名	与幼儿的关系	工　作　单　位		联系电话	
王××	父女	××		××	
王××	母女	××		××	
家中同住人	奶奶	最早发现问题的年龄		6个月	
确诊医疗机构	某医院	诊断结果		脑发育不良	
居家生活	小便	□完全独立　□需提醒上厕所　□定时带去如厕,会控制尿意 ☑会尿湿裤子　其他:_____			
	大便	□完全独立　☑需提醒上厕所　☑需协助擦拭　其他:_____			
	进食	□自己吃　☑需喂食,原因:<u>手没劲儿,拿不稳勺子</u>			
	睡眠	□能独立入睡　□有规律　☑有午睡习惯(时间:<u>15:00—17:00</u>) 依恋物:<u>布娃娃</u>			
	穿脱	裤(C)　上衣(C)　鞋(C)　袜(C)　拉链(C)粘扣(C)　纽扣(D) A.独立完成　B.需语言提示　C.需动作辅助　D.无法完成			
	漱洗	洗手(C)　洗脸(C)刷牙(C) A.独立完成　B.需语言提示　C.需动作辅助　D.无法完成			

幼儿咨询登记表		
沟通	理解	☑ 对自己名字有反应 ☑ 理解生活中常用的简单指令，如喝水、坐下、吃饭等 ☐ 理解较复杂的指令
	表达	☑ 会用动作或表情来表达自己的需求和想法 ☐ 会说单字或短句 ☐ 清晰 ☑ 不清晰 ☐ 鹦鹉式的语言表达 ☐ 会主动与人沟通（口语或非口语询问、发表意见、请求协助、拒绝等） ☐ 会问问题 ☐ 会回答问题
遵规安全及情绪行为	遵规安全	☑ 愿意遵从成人的指令和要求 ☐ 活动时不离开成人的视线范围 ☐ 能判断危险的事物并加以避免（如：_____） ☐ 能安全地使用日常用品
	情绪行为	☑ 维持稳定的情绪，不随意发脾气 ☐ 会用适当的方式表达自己的情绪 ☐ 易发脾气 ☑ 爱哭闹
幼儿曾受过何种教育或康复训练		没有受过正规教育，在家庭教养。 出生3个月到1岁因脑发育不良合并运动、视力、听力障碍入院治疗，针灸按摩，物理治疗。
现正接受何种康复训练或教育		无
家长的期待和希望		担心孩子的成长发育情况、生活能力、知识学习、社交等，希望孩子可以用语言表达自己，身体协调能力变好，可以自己完成生活小事。
接案教师意见		整体发育迟缓，语言、运动、视力多重障碍，独走不稳，双眼斜视，进行康复训练以及融合教育。
接案教师签名	朱秀花	接案时间 2016年8月28日

爸爸为什么不多和老师聊一会儿呢？爸爸填表格时为什么不慢慢地写字呢？我好想在幼儿园多玩会儿！朱老师又抱着我说："云溪乖，现在跟爸爸妈妈回家，等有了名额，我给你们打电话哈。"

"好，好，第一时间联系我！第一时间联系我！……"爸爸高兴得不知道说什么好，一遍遍地重复着"第一时间联系我！"，我们依依不舍地离开了奇色花福利幼儿园……

第三章 | 你好，幼儿园

认识你呀真高兴！
你呀我呀你呀我呀
我们是一对好朋友
拉拉手呀，亲一亲
转个圈呀笑哈哈
我叫小云溪
认识你呀真高兴！
我叫××
认识你呀真高兴！

第三章 你好，幼儿园

一
我上幼儿园啦

妈妈没事做时，总是看着手机发呆，她说等待最是煎熬。唉，度日如年啊！

没过几天，"丁零零……"妈妈接到奇色花福利幼儿园老师的电话了。挂掉电话，她已是泪流满面，丢下电话，她抱着我又哭又笑。妈妈哭着笑着，一会儿抱抱我，一会儿放下我，一会儿又拿起手机要么在屋里转圈，要么看着屏幕发呆，不晓得自己要干啥。我的妈妈是不是"疯"掉啦？！

终于，妈妈想起来要给爸爸打电话，话没说完，就听见爸爸在那边大喊大叫："我们的云溪要上幼儿园啦！"看，看，我的爸爸也"疯"掉啦！其实，我也快"疯"掉啦，可我不知道怎么来更好地表达，就把小眼睛眯得剩道缝儿对着妈妈一直笑一直笑……

爸爸下班回来，就和妈妈一起着手准备入园工作。妈妈交代爸爸要认真填写云溪的"幼儿基本资料表"（如表 3-1 所示）、"幼儿兴趣物调查表"（如表 3-2 所示）、"家庭关心事项调查表"（如表 3-3 所示）、"幼儿基本能力调查表"（如表 3-4 所示），把云溪的儿童保健手册、预防接种本首页复印件，以及云溪户口本的那一页和户主页，还有我们的身份证复印件一一备齐。妈妈还说为了提交智商测试值和诊断证明，他们又要带我去市级医院做检查。这次，我们都是笑着去笑着回的呢！

表 3-1　幼儿基本资料表

幼儿基本资料表							
1. 基本信息								
姓名	王云溪		性别	女	填写人	王××	填写日期	2016 年 9 月 13 日
出生日期	2012 年 10 月 1 日		障碍类型		多重障碍	残疾证号		无
家庭成员								
家庭成员	姓名	年龄	职业	文化程度	兴趣爱好	身体状况	有无烟酒嗜好	手机	电子邮箱/QQ
父亲	王××	××	××	××	××	××	××	××	××
母亲	王××	××	××	××	××	××	××	××	××
姐姐	王××	××	××	××	××	××	××	××	××
其他	共同居住的祖辈 || 奶奶						
	健康状况 || 健康						
	主要亲属有无重大精神疾患和其他特殊需要 || 无						
	家庭住址及邮编 || 河南省郑州市××路××小区××号楼××室 450000						
2. 生长发育史								
（幼儿发展过程中一些重要的成长记录，如孕期及生产过程，里程碑的动作，语言、社交、行为等发展时间及情况等）								

　　于 2012 年 10 月 1 日经剖宫产术出生，足月儿小于胎龄儿。出生后因新生儿肺炎、呼吸性酸中毒、心肌损伤、腹腔包块在监护室药物治疗。出生 5 天因不会排尿，被诊断为神经源性膀胱，入院药物治疗。出生 30 天因消化问题入院药物治疗。出生 3 个月至 1 岁，因脑发育不良合并运动、听力、视力障碍入院治疗，断续经过药物治疗、针灸按摩、物理治疗。之后在家经常口服帮助代谢、消化、生长发育的药物，并配合家人按摩治疗。2016 年 5 月因抽搐入院，确诊为癫痫发作，配合药物治疗。

　　奶粉养育，1 岁开始长牙；2 岁半开始学习走路，3 岁会走路，但特别容易摔倒，平衡不好；2 岁开始学说话，但语言发展缓慢；目前 4 岁整，独立生活能力差，肢体协调性差，肌张力低，眼睛轻微斜视。

　　饥饿时会呼叫妈妈，并指自己的嘴巴。开心、兴奋时会整个身体向上翘，大部分事情通过肢体行为表示，经常会模仿大人的行为（会打开手机，并简单操作自己喜欢和熟悉的内容）。会示意需要大小便，需要大人辅助完成。四肢不够有力量，走路、跑步不够稳当，易摔跤。睡觉前经常趴在床上，脚向后背张，类似紧张状态，经过唱歌、轻拍、轻声呼唤后症状便可消失并入睡。经常会哭时伴随排尿。

续表

幼儿基本资料表		
3. 医疗史		
（重大疾病就诊、障碍类型的诊断、对儿童有影响的疾病史或用药，如障碍原因、用药情况、过敏情况） 2016年5月5日出现一次抽搐现象，经医院检查确诊为癫痫发作，配合口服药物，再无此症状出现。		
4. 康复史		
起止日期	医院/机构	康复项目
2012年10月—2013年10月	某医院	运动、针灸、物理
5. 教育史		
起止日期	早教机构/幼儿园	适应概况
—	无	
6. 日常生活状况		
项目	具体描述	
饮食	（您的孩子一般什么时间、在哪里和谁一起吃早、中、晚餐？一般吃什么食物？孩子对三餐是否很有胃口？好或不好的原因是什么？） 在家和家人一起吃三餐，主食是稀饭、面条，副食是蔬菜、水果，胃口一般。胃口不好是因为消化系统不好，运动量少，或者因为饭不可口。	
睡眠	（您的孩子一日生活作息规律是什么，如什么时间做什么事情或活动？日常午休/夜间睡眠规律是什么？午休/夜间睡眠质量是否很好？好或不好的原因是什么？） 早晨6：00—7：00起床，7：00—8：00早饭，9：00—11：00户外走路、玩玩具，12：00—13：00午饭，15：00—17：00睡午觉，19：00—20：00晚饭，20：00—22：00活动，22：00睡觉。午休质量很好，夜间大部分时间很好，偶尔因消化问题翻来覆去，夜间不上卫生间。	
衣着	（您的孩子都有什么样的穿脱外衣和内衣的技能？您是怎样辅助孩子的？孩子穿脱衣服时候是很容易还是很困难？容易或困难的原因是什么？） 不会脱外衣和内衣，裤子会褪到腿上，会从腿上提起来，但不会完全脱掉，自己穿脱时很困难。困难的原因可能是没有训练过，胳膊和腿部没有力量，配合不好。	

续表

幼儿基本资料表	
6. 日常生活状况	
项目	具体描述
盥洗	（您的孩子都能完成哪些盥洗活动？孩子盥洗时需要什么样的帮助？盥洗时是很容易还是很困难？容易或困难的原因是什么？） 会简单地洗手和脸，不会精细地洗，会简单地擦拭，需要大人帮忙开水龙头，给孩子盥洗时孩子很配合。
如厕	（您的孩子如厕有什么样的时间规律？您是怎样训练孩子如厕的？如厕通常没问题还是很困难？原因是什么？） 小便次数正常，大便1—2天一次。想小便时，会蹲下来示意，小便时需要一些时间等待，小便慢，大便也比较慢。没有特别训练孩子如厕，因为孩子走路不稳，预备的有小便器，但孩子自己单脚站立、分开腿、跨步一连串动作完成有困难，容易摔倒。一般大小便时，孩子蹲下示意，家长帮忙完成。
玩耍和互动	（您的孩子最喜欢玩的玩具是什么？最喜欢玩耍的活动是什么？其他小朋友喜欢和您的孩子玩耍和互动吗？为什么？孩子和其他小朋友玩耍或互动可能很困难吗？为什么？） 喜欢玩球、搭积木、看书，最喜欢玩的活动是滑滑梯、捉迷藏，喜欢写写画画。不是特别喜欢和其他孩子互动，因为孩子不能表达，语言交流有障碍，肢体不够强健，更多时候是观看，而不能很好地参与。容易摔跤，重心不稳，平衡不够，不能防御外面的碰撞。
沟通交流	（您的孩子用什么样的方式和人交流？喜欢和成人还是孩子交流？孩子与人交流是很顺利还是有困难？很顺利或有困难的原因是什么？） 一般的交流靠手势，能简单地发声。和成人、孩子都愿意交流，但是有困难，熟悉的人会明白孩子的表达方式，主要原因是孩子不能用语言表达想法。

表 3-2　幼儿兴趣物调查表

幼儿兴趣物调查表			
幼儿姓名：王云溪　班组：小一班　填写日期：2016 年 9 月 13 日　填写人：王××			
最喜欢的食物		最喜欢的饮品	
主副食	稀饭　面条	饮料	无
水果	火龙果	奶类	酸奶　纯奶
零食	无	果汁	鲜橙多
其他	无	其他	无
最不喜欢的食物		最不喜欢的饮品	
黑色的食物		无	
最喜欢的室内活动		最喜欢的室外活动	
听音乐，画画，看人跳舞		玩水，玩滑梯，玩小皮球	
最不喜欢的室内活动		最不喜欢的室外活动	
无		无	
最喜欢的物品／玩具 （请在合适的物品后打"√"）		最喜欢的奖励 （请在合适的方式后打"√"）	
积　木	√	糖果	
洋娃娃	√	书	√
汽车		口头赞扬	√
球	√	拥抱	√
其他	电子琴　木敲琴　口哨　笔	其他	
最不喜欢的物品／玩具		最不喜欢的事情	
无		受批评	
其他情况说明			

幼儿园的美好时光

表 3-3　家庭关心事项调查表

家庭关心事项调查表			
幼儿姓名：王云溪　　班组：小一班　　填写日期：2016 年 9 月 13 日　　填写人：王××			
序号	针对孩子的关心事项 我关心……	关心程度		
^	^	优先关心	关心但非优先	目前不关心
1	更多地了解孩子目前的优势与需求	√		
2	了解提供给孩子的相关服务及课程	√		
3	更多地了解孩子的情况和障碍	√		
4	为孩子将来的相关服务与课程做计划		√	
5	了解孩子如何成长和学习（如：社交、动作、自我照顾方面）	√		
6	学习照顾和帮助孩子的方法（如：摆位、饮食、健康）	√		
7	学习相关法律政策、家长的权利及如何为孩子争取权益	√		
8	处理孩子的问题行为	√		
9	学习如何与孩子交谈和游戏	√		
10	与老师和专业人员谈论孩子的课程		√	
	针对家庭的关心事项 我关心……			
11	向兄弟姐妹、亲朋好友解释孩子的特殊需求			√
12	孩子获得兄弟姐妹的支持	√		
13	家人和朋友参与对孩子的照顾或孩子的自由活动	√		
14	为家庭提供咨询服务		√	
15	学习自己解决家庭问题	√		
16	从朋友、配偶、邻居处得到更多的支持		√	

续表

序号	针对家庭的关心事项 我关心……	关心程度		
		优先关心	关心但非优先	目前不关心
17	为配偶取得更多的支持	√		
18	拥有自己的时间		√	
19	与家人一起休闲娱乐		√	
	针对社区的关心事项 我关心……			
20	和其他家庭互动	√		
21	加入家长团体或有特殊需要儿童的团体	√		
22	了解政府的补助和儿童获得补助的资格	√		
23	带儿童参与社区活动	√		
24	为其他家庭提供帮助	√		

其他关心的事项或需求：
　　有权威的或有经验的人士给我指导养孩子的方法，有措施更好！

担心和期望：
　　担心孩子身高问题、语言问题，期望有一所像奇色花的小学、中学能让我们的孩子和像我们的孩子的孩子都有学上。

表 3-4　幼儿基本能力调查表

幼儿基本能力调查表

亲爱的家长朋友：
　　您好！欢迎您的孩子来我园入托。为了帮助教师初步了解儿童的现有能力，理清孩子需要的支持和协助，请您客观填写下面表格，根据孩子的实际表现在相应的空格里打"√"。谢谢您的配合！

续表

<table>
<tr><td colspan="7" align="center">基本情况</td></tr>
<tr><td>姓名</td><td>王云溪</td><td>性别</td><td>女</td><td>出生年月</td><td>2012年10月1日</td><td>障碍类型</td><td>多重障碍</td></tr>
<tr><td>身高</td><td>87 cm</td><td>体重</td><td>9 kg</td><td>填写人与幼儿的关系</td><td>父女</td><td>填写日期</td><td>2016年9月13日</td></tr>
</table>

第一部分　运动技能					
项目	年龄	内容	独立完成	协助完成		无法完成
				口语	动作	
粗大运动	2—3岁	会在不平的地面上行走而不摔倒				√
		会单手扶楼梯上下楼				√
		能平稳地朝前奔跑				√
		会原地双脚跳				√
		借助扶持单脚站	√			
		会沿着地上的直线走	√			
		会朝前踢球				√
	3—4岁	不需要扶持，会一脚一阶上楼梯				√
		跑步时会控制转弯或折返				√
		会双脚向前连续跳（不少于2下）				√
		从高处往下跳（25—30 cm），双脚着地				√
		会沿着曲线或圆圈行走				√
		单脚站立，保持平衡3秒钟				√
		双脚会同时向左/右两侧跳				√
		会推、拉、操纵带轮的玩具	√			
		骑（推、拉或踏）三轮车			√	
	4—5岁	会单脚向前连续跳（不少于2下）				
		会跳房子（单双脚交替跳）				
		会单脚站立5秒				
		在10 cm宽的平衡木上行走				
		会伸手接住由不同方向丢过来的球				
		会对准各方向的目标踢球				
	5—6岁	会顺畅地跑步连续绕过障碍物				
		会用脚跟接脚尖的方式走直线向前/后退				
		四肢动作协调（骑车、游泳）				
		能双手/单手拍球				

续表

第一部分 运动技能					
项目	年龄	内容	独立完成	协助完成 口语	协助完成 动作	无法完成

第一部分　运动技能						
项目	年龄	内容	独立完成	协助完成（口语）	协助完成（动作）	无法完成
精细运动	2—3岁	把分开的物品合到一起（笔和笔盖等）			√	
		会模仿3种单一的手部动作（如数字、竖起大拇指、手枪等）			√	
		会转开/转紧至少两种尺寸的瓶盖				√
		一页一页地翻书	√			
		大部分活动中持续单手			√	
		会将两点连成线				√
	3—4岁	能一手拿袋子，一手将物品装入袋内			√	
		会模仿大拇指连续和其他手指互碰			√	
		会用前三指拿取扑克牌并翻开			√	
		会叠高10个大小相同的方形积木			√	
		会转开门把手			√	
		会用小镊子取东西			√	
	4—5岁	会用钥匙开门				
		会用前三指正确握笔画画或写字				
	5—6岁	会沿着线撕纸				
		会灵活调整握笔姿势				

第二部分　自我服务能力					
年龄	内容	独立完成	协助完成（口语）	协助完成（动作）	无法完成
2—3岁	使用勺子进食，洒落少许			√	
	能用吸管喝饮料	√			
	能以语言或肢体动作表示如厕意愿				√
	在大人协助下擤出鼻涕			√	
	脱掉无扣的T恤和衬衫，不需要成人帮助				√
	洗手并将手擦干			√	
	接受一般性食物				√

续表

第二部分 自我服务能力					
年龄	内容	独立完成	协助完成		无法完成
			口语	动作	
3—4 岁	会用汤匙舀食物进食，很少洒落				√
	会剥除食物的外皮（香蕉、橘子、花生）			√	
	会自己洗手、洗脸				√
	需要时自行拿卫生纸擤鼻涕				√
	平稳地持水壶倒水				√
	会自己如厕，能自行脱下裤子				√
	将衣裤或书包、袋子上的拉链拉合				√
	会自己扣/解大的纽扣				√
	会穿鞋子				√
	愿意尝试多种食物	√			
	午休时不需要成人陪伴				√
	会主动将垃圾丢入垃圾桶	√			
	会开、关窗户				√
4—5 岁	用筷子进食				
	会自己进食，并且保持干净				
	餐后会协助清理桌面				
	会穿脱鞋袜				
	自己穿衣服，不需要协助				
	能自己擦屁股、冲马桶				
	能结合拉链头拉上拉链				
	会简单地叠裤子/裙子/上衣				
	能辨别衣物的前后				
	午休时间会入眠或可以安静休息				
	能保管个人物品				
5—6 岁	如厕前会敲门，如厕后会关门				
	能系上一颗或更多的中、小纽扣				
	会将衣裤翻到正面并穿着				
	会辨别衣裤的前后并穿着				
	收拾好自己的所有物放在固定位置				

第三章 你好，幼儿园

续表

第三部分　艺术/故事技能					
年龄	内容	独立完成	协助完成		无法完成
			口语	动作	
2—3岁	会随着音乐的节奏拍手、踏脚	√			
	会唱 2—3 首熟悉歌曲的大部分歌词和旋律				√
	会控制涂鸦（画大圆圈、垂直线等）				√
	会用手掌压平黏土				√
	会用拇指和食指捏扁黏土				√
	用拇指和其他手指，而不是拳头握蜡笔				√
	会用手指前端把纸撕成小片				√
	用较粗的笔，使用手腕动作画画，一笔画点、线或圈				√
	会与大人一起阅读	√			
3—4岁	会一边唱一边做动作				√
	会跟着音乐唱熟悉的歌曲				√
	命名自己的涂鸦画				√
	会在镂空板内涂色				√
	会画棒棒人、蝌蚪人				√
	会用黏土搓长条、团球、捏蛇和饼干等				√
	会用剪刀剪 1 cm 宽的直线，连续剪 15 cm				√
	自己安静看绘本（5 分钟以上）	√			
	听简短的故事（5—10 分钟）	√			
4—5岁	会唱整首歌				
	绘画并命名可辨认的图				
	能画出人物的手、脚和脸				
	会将简单的图案大致填满颜色，不越线				
	会沿着弧线剪纸				
	复述儿歌或故事等（如讲故事）				
	反复看自己喜欢的图书				
5—6岁	能画有头、躯干、腿、手臂的人像				
	用黏土捏物体模型				
	会不断地转动纸张剪出圆形或其他简单图案				
	会用力在布和其他材质的物品上剪出指定图案				

续表

年龄	内容	独立完成	协助完成		无法完成
			口语	动作	
	第四部分　社会/游戏技能				
2—3 岁	在其他孩子的旁边玩	√			
	遇到问题不用哭闹解决				√
	保护自己的所有物		√		
	会用动作/表情表达需要	√			
	用积木搭简单的线形或把积木堆起来又推倒			√	
	会将某物当成另一个物品来玩（借物游戏）	√			
	会用肢体语言表达自己的情绪	√			
	主动和熟悉的人打招呼及道别		√		
3—4 岁	会主动参与他人的活动，和他人一起玩				√
	遇到问题会主动寻求成人协助				√
	能指认自己的物品	√			
	能以适当的方式和其他幼儿沟通及互动（例如：不会打或攻击其他幼儿……）		√		
	哭闹可以在短暂时间内抚平情绪				√
	会用口语表达自己的情绪，有时表达不恰当				√
	玩装扮游戏	√			
	会和 2—3 个同伴一起玩肢体互动的游戏（捉迷藏、追着跑等）				√
	与他人分享玩具，在提示下轮流等待和玩耍	√			
	游戏和活动中不干扰别人		√		
	用 9 块积木搭高			√	
4—5 岁	与其他孩子合作游戏				
	能维持稳定的情绪，不随意发脾气				
	会用适当的口语表达自己的情绪				
	遇到问题会坚持想办法				
	玩角色游戏且有始有终				
	用积木搭高、架空或围合，摆积木成形				

续表

第四部分 社会/游戏技能					
年龄	内容	独立完成	协助完成		无法完成
			口语	动作	
5—6岁	选择自己的朋友				
	有轮流和等待的耐心				
	玩简单的桌上游戏				
	玩竞争性的游戏				
	用建筑性玩具造东西，如积木房子、玩具车				

第五部分 沟通					
年龄	内容	独立完成	协助完成		无法完成
			口语	动作	
2—3岁	理解5个代名词（如你、我、我们等）	√			
	理解5个"动词+名词"的指令（如吹泡泡、穿鞋等）	√			
	理解5个"不要+名词或动词"的指令（如不要车、不要睡等）	√			
	理解5个"还要+名词或动词"的指令（如还要糖、还要抱等）	√			
	理解5个"所有格+名词"的短语（如妈妈的包、爸爸的鞋等）	√			
	记得并执行2件事的指令				√
	会以非口语的方式表示"要/不要""好/不好""对/不对""是/不是"	√			
	会以非口语的方式表达基本需求	√			
	会以非口语的方式表达感受和想法		√		
	用方位副词词组回答什么东西在哪，如在盒子里、在桌上				√

续表

年龄	内容	独立完成	协助完成 口语	协助完成 动作	无法完成
3—4岁	对"把它放在旁边"和"放在下面"做出反应				√
	对双宾语的指令做出反应,如给我球和鞋子				√
	对两个动词的要求做出反应,如给我杯子并把鞋子放在地上				√
	听到"走快一点"而加快步伐、"走慢一点"而慢下来			√	
	命名物体以回答"你要哪一个?"				√
	会描述刚发生事情的部分内容				√
	和人说话时会保持适当的距离				√
4—5岁	记得并执行3件事以上(含3件)的常用的指令,即对包括三个动作的要求做出反应,如给我杯子、把鞋放在地上、把笔握在手里				
	记得并执行3件事以上(含3件)的非常用的指令				
	会描述最近发生的事情或经历,但顺序会混淆				
	别人说话时能保持安静,不干扰或者打断他人的话				
	会根据情境调整说话音量,大小合适				
5—6岁	会替别人传达简短的信息				
	已经掌握基本语法的正确结构,包括复数、动词时态和连词				
	会有顺序地描述最近发生的事情				
	懂得按次序轮流讲话,不打断别人				

二 欢迎老师来我家

大家都"疯"掉后，我最开心的就是能听到电话铃声。"丁零零……"，妈妈的电话又响了，我好奇地拿起点开接了。里面传来好好听的声音："云溪妈妈，你好，我是琳琳老师……"电话那头没听到这边的回应，便停了下来，说："是云溪妈妈吗？"妈妈从厨房走了过来，把手机接了过去，说："你好，老师！……你们要家访啊？好的好的，欢迎欢迎！"我闹着跟妈妈抢电话，我要听那好好听的声音，妈妈说我要去幼儿园了，老师来家做家访。

"当当当"响起了敲门声，妈妈打开了门，我的老师来我家了！请老师们入座后，我学着妈妈的样子，热情地给老师们拿水果。一会儿，琳琳老师她们和妈妈在一边嘀嘀咕咕的。不管她们了，我有王敏老师跟我玩儿呢。王老师跟我说话时我只能用点头、摇头或者手势动作进行回答，有时候我听不懂老师说什么，只好沉默不语……

爸爸下班回来了，妈妈兴奋地给他讲这讲那的，什么老师们来家了呀，来了解云溪在家的一日生活呀，什么饮食习惯、自理能力、沟通方式，还有什么家庭理念呀，还讲了幼儿园的理念和课程什么的。妈妈还说要爸爸和她一起好好配合幼儿园，还说他们非常赞同也很感谢幼儿园为他们的云溪做了那么多的准备工作。

三
欢迎来到水果班

"大家好！我叫王云溪，我是一个女孩，今年4岁。告诉你们哦，这个布娃娃会唱歌，我好喜欢这个会唱歌的布娃娃，每天我都会喂她吃饭、哄她睡觉。这是我爸爸！我的爸爸是不是很厉害！这是我妈妈，她教会我很多事情，我很爱她！和她在一起我好开心！"

"但有时我也会哭，摔倒了会哭，不开心了会哭。当你看到我哭的时候，希望你可以过来抱抱我，告诉我别哭了。"

"这就是我，爱哭、爱笑，坚强又乐观！希望我们能成为好朋友，一起玩游戏，一起上学去！"

这是老师们用她们家访时拍的照片，还有妈妈手机里和影集里的照片制作的小视频（扫图3-1能观看哦），我不晓得是哪个小朋友给配的音，真好听，将来我一定也会说得那么流利动听！我躺在妈妈的怀里，看了一遍又一遍。

我要上幼儿园了，妈妈起了个大早为我们做了丰盛的早餐。吃完饭，爸爸开车载着我和妈妈去幼儿园。妈妈一路上唱着这首歌："太阳当空照，花儿对我笑，小鸟说：'早早早，你为什么背上小书包？'我去上学校，天天不迟到，爱学习，爱劳动，长大要为人民立功劳！"感觉是妈妈要去上幼儿园呢！

第三章 你好，幼儿园

图 3-1　王云溪新生欢迎会

　　进入水果班，小朋友们像是认识我一样，都跑来抱抱我，拉着我的手。老师和小朋友们一起拍手欢迎我，还有小朋友主动帮助我搬椅子，拉着我做游戏……老师说他们比我早两周到幼儿园。因为他们刚刚离开妈妈很伤心，害怕我也会哭才让我晚到的。老师们考虑得真多，真辛苦！

　　前期老师在给我做"新生欢迎会"的时候为我找到了许多好朋友，真的好开心，云溪有好朋友啦！云溪也要做别人的好朋友！

第四章 | 幼儿园的时光

我爱我的幼儿园

幼儿园里朋友多

又唱歌来又跳舞

大家一起真快乐

我爱我的幼儿园

幼儿园里朋友多

又唱歌来又跳舞

大家一起真快乐

一 小小的我（小班）

（一）我的故事

1. 老师给我画张像

刚入园的那段时间，我有点小担心，更多的是好奇：总是有拿着本本的老师在我旁边，时不时地抽空在上面画些什么……

每天早上，爸爸或者是妈妈把我送到幼儿园门口，听着那好好听的一声"早上好！"就开始了一天的幼儿园生活。首先，我要学会自己换鞋子。太难了！我的眼睛斜视，想看清鞋子就得歪脑袋，一歪脑袋，手就够不到鞋子，如果不歪脑袋，摸到了鞋子，我又没有足够的力气撕开鞋子上的粘贴！每天，我都是在老师耐心的帮助下完成这个任务的，老师说："不要急哦，小云溪。慢慢练习，总有一天云溪会自己换鞋子的！"

"拉个圆圈走走，拉个圆圈走走，走走走走，看谁最先（蹲、跳、拍手……）"，这是我入园时看到且参与的第一个游戏。开始，我站在那里一动不动地看着小朋友们，不知道自己要怎么做。老师牵着我的手，听着音乐，跟着指令，一会儿拉着我走动，一会儿扶着我蹲下，一会儿示意我拍手，一会儿抱起我，让我假装跳起来。什么时候我能像那些小朋友一样，听着指令一气呵成呢？

我要学习的东西太多了。大家都知道饭前便后要洗手，可是，你洗对了吗？反正我没洗对，我要跟着幼儿园盥洗室墙上的洗手流程图重新学洗手。老师还专门教给我们洗手的儿歌呢！你听，"手心搓一搓，手背搓一搓，交叉搓一搓，指尖转一转，握拳搓一搓，大拇指搓一搓，手腕搓一搓。好了，再用水冲干净！"。

虽然我记住了怎么洗手，但由于个子小，我洗手还是需要老师和好朋友的帮助！

还有吃饭，饭前，需要把自己的椅子搬到自己的位置上，我都做不到。有时有好朋友帮我，更多的时候，是老师搭把手鼓励我和她一起完成。自己吃饭，我也是问题多多，老师一遍遍教我用左手扶着碗，右手的大拇指、食指和中指配合握勺子，还鼓励我："云溪啊，咱不急，勺子拿稳，慢慢往嘴里送……"

我们的教室很大很大，分了好多区域，自由活动时，小朋友要拿着自己的照片，贴到想去的区域图上，然后就可以去选的区域玩。当然了，弄明白这些，也是老师们费了老鼻子劲，费了老长时间，慢慢教会我的。

其实，不会自己吃饭，喝水会把衣服弄湿一大片，这都没什么，丢人的是，我……我……我还经常尿裤子……有时是玩开心了，忘记去卫生间；有时是老师提醒了，也去卫生间了，可老师没赶得及帮我脱裤子……

也不知道有多长时间，老师的本本快画完了，我歪着脑袋盯着老师，使劲地点着老师的小本本，老师说："我们给云溪画像呢！"其实老师是根据我的变化给我填表呢（如表4-1、4-2所示）。

表4-1 幼儿园一日生活常规评量表（CL）（模式二）

代号	评量项目	评量分值						
		第一次	第二次	第三次	第四次	第五次	第六次	第七次
CL1 早入园								
小班（3—4岁）								
CL1-1	经鼓励能接受保健医生的晨检	3						
CL1-2	经提醒能向周围的人问好、道别	1						
中班（4—5岁）								
CL1-3	情绪愉快，愿意上幼儿园	2						
CL1-4	主动使用礼貌用语，问"早上好"	0						
CL1-5	配合保健医生晨检，身体不适知道告诉老师	0						
大班（5—6岁）								
CL1-6	衣着整洁，愉快入园							
CL1-7	主动接受晨检，主动有礼貌地用适量的声音向老师问好							
CL2 计划—工作—回顾								
小班（3—4岁）								
CL2-1	在老师提示下可以自己选择区域	0						
CL2-2	在老师引导下愿意进工作区	2						
CL2-3	在老师提示下能自己选择操作材料进行操作	1						
CL2-4	学具操作完后在老师的提示下放回原处	1						
CL2-5	在老师提示下用正确的姿势看书、画画	1						

幼儿园的美好时光

续表

代号	评量项目	评量分值						
		第一次	第二次	第三次	第四次	第五次	第六次	第七次
CL2-6	能在老师提醒下小声表达，不影响同伴	3						
CL2-7	工作结束后，能在老师提示下（语言、材料、照片、实物等）回顾	0						
中班（4—5岁）								
CL2-8	能独立选择区域	0						
CL2-9	能按计划自己选择操作材料进行操作	0						
CL2-10	操作完后，能将操作材料收拾整齐并放回原处	0						
CL2-11	用正确的姿势看书、画画	1						
CL2-12	工作结束后，能在老师的语言提醒下进行回顾	0						
大班（5—6岁）								
CL2-13	能较全面地（从区域、材料、同伴等方面）制订工作计划							
CL2-14	工作时不干扰同伴							
CL2-15	基本形成正确握笔、书写、看书的良好习惯							
CL2-16	能在工作结束后较完整地进行回顾							
CL3 大小组活动								
小班（3—4岁）								
CL3-1	愿意参与由老师带领的集体活动	2						
CL3-2	在老师的提示下，搬动椅子进行围靠，用正确的姿势拿放椅子	0						

续表

代号	评量项目	评量分值						
		第一次	第二次	第三次	第四次	第五次	第六次	第七次
CL3-3	听信号进活动室	0						
CL3-4	集中活动10—15分钟	0						
CL3-5	在老师提醒下表达自己的想法	0						
中班（4—5岁）								
CL3-6	主动参与由老师带领的集体活动	0						
CL3-7	在老师提示下参与讨论	0						
大班（5—6岁）								
CL3-8	积极参与由老师或同伴带领的集体活动							
CL3-9	能积极参与讨论，大胆提出自己的想法							
CL4 户外体育活动								
小班（3—4岁）								
CL4-1	活动前在老师帮助下整理好自己的衣服	2						
CL4-2	在老师带领下，听音乐，有精神地做操	1						
CL4-3	在老师指导下，正确使用活动器械，不争抢，能安全地玩	2						
CL4-4	活动后，在老师的提醒和帮助下将玩具收放整齐	1						
CL4-5	活动后，在老师的提醒和帮助下擦汗休息，补充水分	2						
中班（4—5岁）								
CL4-6	在老师指导下，正确使用各种器械，遵守规则	0						

幼儿园的美好时光

续表

代号	评量项目	评量分值						
		第一次	第二次	第三次	第四次	第五次	第六次	第七次
CL4-7	有精神地跟老师做操	0						
CL4-8	器械使用后,能及时收拾整理	0						
大班(5—6岁)								
CL4-9	积极参加老师组织的户外活动							
CL4-10	做操时能自动调节与前后左右同伴的距离							
CL4-11	会根据气温、活动量及时增减衣物							
CL4-12	遵守规则,活动后主动收拾整理器械,放回原处							
CL5 生活活动(CL5-1 如厕盥洗)								
小班(3—4岁)								
CL5-1-1	在老师的提醒下有秩序地盥洗,不玩水	1						
CL5-1-2	在老师的提醒下,打肥皂时和冲洗干净后能关紧水龙头	0						
中班(4—5岁)								
CL5-1-3	能按要求正确洗手,洗后保持干净	0						
CL5-1-4	如厕后自行冲厕	0						
CL5-1-5	能正确使用厕纸	0						
CL5-1-6	便秘、腹泻时能及时告诉老师	0						
大班(5—6岁)								
CL5-1-7	能迅速正确地洗手							
CL5-1-8	能辨别男女厕所的不同标记							
CL5-1-9	大便后能自行擦拭,并整理好衣服							
CL5 生活活动(CL5-2 餐点)								

续表

代号	评量项目	评量分值						
		第一次	第二次	第三次	第四次	第五次	第六次	第七次
小班（3—4岁）								
CL5-2-1	在老师指导下，正确使用餐具	1						
CL5-2-2	进餐时能在老师提醒下注意保持桌面干净	0						
CL5-2-3	餐后在老师的指导下漱口擦嘴	1						
中班（4—5岁）								
CL5-2-4	进餐时能细嚼慢咽	3						
CL5-2-5	保持桌面和衣服干净	0						
CL5-2-6	餐后能将餐具放在指定的位置	0						
CL5-2-7	餐后主动用纸巾/餐巾擦嘴、漱口	0						
大班（5—6岁）								
CL5-2-8	愿意当值日生，会协助教保人员收拾餐具，清理桌面、地面							
CL5 生活活动（CL5-3 午休）								
小班（3—4岁）								
CL5-3-1	在老师的帮助下，将脱下的衣服叠放整齐并放在指定地方	1						
CL5-3-2	安静进入寝室，有秩序地上床	0						
CL5-3-3	安静入睡，不影响同伴	0						
CL5-3-4	在老师的提醒和帮助下，起床后及时穿好衣服	1						
中班（4—5岁）								
CL5-3-5	安静入寝，能将脱下的衣服摆放整齐	1						
CL5-3-6	能将脱下的鞋子摆放整齐	2						

续表

代号	评量项目	评量分值						
		第一次	第二次	第三次	第四次	第五次	第六次	第七次
大班（5—6岁）								
CL5-3-7	独立、迅速、有序地脱下衣服并摆放整齐							
CL5-3-8	睡前不带小玩具上床							
CL5-3-9	睡觉时不蒙头							
CL5-3-10	起床后能独立、迅速地穿好衣服							
CL5-3-11	起床后能独立、迅速地整理床铺							
CL5 生活活动（CL5-4 喝水）								
小班（3—4岁）								
CL5-4-1	能在老师的提醒下喝水	1						
CL5-4-2	能在老师的提示下正确取放自己的水杯	0						
中班（4—5岁）								
CL5-4-3	会辨认标记，正确取放自己的水杯	0						
CL5-4-4	喝水时不玩水、水杯	0						
CL5-4-5	口渴时会主动告诉老师	0						
大班（5—6岁）								
CL5-4-6	口渴及运动过后自己能随时饮水							
CL5-4-7	不玩水，不浪费水							
CL6 收拾和衔接时间								
小班（3—4岁）								
CL6-1	在老师的提示下，能停止活动并将玩具或材料归位	1						
CL6-2	在老师的提示下，转入下一个活动	0						
CL6-3	不在教室里乱跑	0						

续表

代号	评量项目	评量分值						
		第一次	第二次	第三次	第四次	第五次	第六次	第七次
中班（4—5岁）								
CL6-4	能在老师的提醒下停止活动，并将玩具或材料归位	1						
CL6-5	能在老师的提醒下，较快转入下一个活动	0						
大班（5—6岁）								
CL6-6	能自行转入下一个活动，并将玩具或材料归位							
CL7 晚离园								
小班（3—4岁）								
CL7-1	离园时，能在活动室等待家长	3						
CL7-2	能在成人提醒下带好自己的物品	2						
CL7-3	经提醒能和老师及同伴再见	3						
中班（4—5岁）								
CL7-4	做好离园前准备，带好自己的物品	2						
CL7-5	跟随目前的活动，老师叫到名字后才能离开	2						
CL7-6	离园时，主动和老师、同伴再见	1						
大班（5—6岁）								
CL7-7	做好离园准备，主动收拾好物品							
CL7-8	有礼貌地主动和老师、同伴说再见							
CL8 遵守常规								
CL8-1	大部分时间能配合班级的作息	1						
CL8-2	能轮流和等待	0						
CL9 学习态度和能力								

幼儿园的美好时光

续表

代号	评量项目	评量分值						
		第一次	第二次	第三次	第四次	第五次	第六次	第七次
CL9-1	对多数的学习和活动有兴趣，并会主动参与	1						
CL9-2	愿意做自己会做的事	1						
CL9-3	自由活动时，能主动选择适当的活动/材料	0						
CL9-4	会模仿老师和同伴正在进行的活动	2						
CL10 安全意识								
CL10-1	集体活动或外出时，能跟随队伍	0						
CL10-2	活动时不离开老师的视线范围	0						
CL10-3	能判断危险的事物并避免接触	0						
CL11 沟通								
CL11-1	会用动作/表情表达需求和想法	2						
CL11-2	会用口语或非口语的方式主动与人沟通（询问、发表意见、请求帮助、拒绝等）	0						

第四章 幼儿园的时光

表 4-2 幼儿班级适应行为支持计划

幼儿班级适应行为支持计划			
日期 2016 年 10 月 28 日 班组小一班 幼儿姓名王云溪 教师姓名刘冰 张伊琳 张艳芳 司彩玲（关键词：MS= 融入式学习 ES= 嵌入式学习 AS= 添加式学习）			
常规活动	幼儿行为表现	目前的处理方法	可用教学策略
在老师提示下可以自己选择区域	不知道区域的位置，不会选择	老师带她到区域里面，告诉她这是什么区域	MS____ ES____ AS_✓_ 老师带领云溪认识各个区域的位置，尝试在每个区域进行操作、游戏，当云溪熟悉后知道自己喜欢去哪个区域游戏，并进行选择和计划。
学具操作完后在老师提示下放回原处	操作完直接放在桌子上，没有养成物品归位的习惯	老师协助她一起把学具放回柜子里	MS____ ES____ AS_✓_ 前期老师可以给云溪指一指学具的位置，帮助她知道学具放在哪里；后期可以让她根据学具照片的视觉提示，进行学具与照片的对应归位。
在老师提示下搬动椅子进行围靠，用正确的姿势拿放椅子	搬不动椅子，只能在老师的辅助下搬着椅子	老师辅助她搬起椅子	MS____ ES____ AS_✓_ 在搬椅子时，老师提前动作示范"两只手搬着椅子，或者单手搬椅子时把椅子抬起来"，让云溪练习自己搬椅子；前期老师可以辅助她搬着椅子，后期老师逐渐撤离辅助，直到她有力气搬动椅子。
能按要求正确洗手，洗后保持干净	把手放在水龙头下冲，不会手心、手背搓一搓等洗手的步骤	老师辅助她的手按照正确的方法洗手	MS____ ES____ AS_✓_ （1）老师示范洗手的正确动作，云溪模仿动作，当云溪的每个步骤都正确时，及时鼓励；若不正确，根据情况进行动作辅助或者再次示范动作。 （2）提供洗手的步骤图，引导云溪看步骤图，并观察她的步骤是否正确，适时引导。
能轮流和等待	不理解一个一个轮流，会直接就玩	老师语言提示"排排队，等一等"	MS____ ES____ AS_✓_ （1）游戏中，设计一个跟着一个轮流玩的活动，如走平衡木、滑滑梯、荡秋千等，需要排队才能通过，在过程中学习等待以及轮流。 （2）通过图画理解排队的样式，知道排队的好处，养成排队轮流的习惯。

幼儿园的美好时光

 田田老师的教育随笔

因为云溪走路不稳、不能平稳地站立，我只好寸步不离，指尖轻轻地拉着她的衣角，既能让她去她想去的地方，又能保护她的安全。活动中我观察到云溪其实很想参与同伴的游戏，但是因为行动不便，她在一次次站起身后又坐下了。她没有自信，不敢站起来，只是失落地看着小朋友们，我看着云溪不禁眼眶湿润，心中感慨为什么让孩子这样无助！我强忍着泪水，请来一个小朋友："这是我们新来的小朋友云溪，她非常想和你们一起玩，可是她走路有些不稳，你能把球送到她的手上吗？"小朋友高兴地点点头。就在接到球的那一刻，云溪惊喜地站了起来，看到她脸上洋溢的笑容，我的心中无比开心。

 王敏老师的到宅服务感想

在家里，我跟云溪妈妈一起设计了几个游戏活动，来锻炼她的臂力和腰腹部力量，以及气息和肺活量。我手里拿着她喜欢的泡泡，让妈妈抱起她，让她张开双臂像开飞机的样子。我会把泡泡举高举低往左往右，让云溪来抓。当云溪抓到的时候，我会请她来吹泡泡，因为她很喜欢吹泡泡，而且吹泡泡也能锻炼她的肺活量。她的腹部力量比较弱，同时她也不会做吹气的动作，因此她不能从腹部发出声音来，这极大地影响了她语言的发展。目前她只能发出"哦哦啊啊"的声音。有趣的游戏活动会极大地调动她的兴趣和参与度。通过到宅服务了解到家长支持孩子的困难，我利用家中现有的物品，手把手教家长如何与孩子互动，在互动中通过练习达到目标，也让父母在家庭中支持孩子成为可能,因为老师只能陪伴孩子几年,陪伴孩子最多的是家长,家长在家中带着孩子进行更多的练习才能帮助孩子更全面地发展。

2. 大人的世界我不懂

我每天上幼儿园后,爸爸、妈妈、老师就各自忙各自的事情去了,有时爸爸妈妈会在接我时和老师聊会儿天,或是有老师到我家陪我玩。可有一天,爸爸妈妈和很多老师聚到一块忙碌,真是搞不懂他们那些大人要整哪一出。大人们只要一碰头忙碌起来,就是在整我搞不懂的事。让他们整去吧,我去和爽爽玩捉迷藏,她妈妈是魏主任,也是那帮大人中的一个!

老师说:"我们的小云溪搞不懂了吧,那就让我来说说。我们是在开 IEP(个别化教育计划)会议呢,前期我们一直在对云溪进行评估,现在制订出来计划,需要跟爸爸、妈妈一起讨论决定云溪下学期的计划,然后根据计划每个月实施就好啦。"

3. 我进步了

小班的生活快要结束了,告诉大家一个好消息:我有很多很多的好朋友,我会做很多很多事了!

敦敦、妞妞、淼淼、小宝、诺诺、希希……他们都是我的好朋友。换鞋、喝水、吃饭还做得不是很好,不过,已经不需要老师帮助了。尿裤子?嘻嘻,偶尔还有,不提这个。和小朋友玩游戏,不用老师捏我的衣服角了。

（二）我的小脚印

轩轩是我在练习语言时交的朋友。开始，总是我自己跟着老师练，一点也不好玩。因为轩轩也要练习，老师就把我们俩弄到一块了。我们俩什么都想比一比。看，我们又在比赛吹气球呢，轩轩比我吹得大（如图 4-1 所示），老师说，等我的肺活量练出来，一定也会把气球吹得鼓鼓的，说不定还会吹爆！

图 4-1　气球乐

我很爱看书，因为身体不好，又说不清，所以，在入园前，我是从图画书中认识世界的。上幼儿园后，我更喜欢看书了，可以和小朋友们在不同的地方一块看，在幼儿园的图书角（如图 4-2 所示），在大学的图书馆（如图 4-3 所示），还能看到不一样的说法。看过书后，在老师的带领下，走一走，看一看，唔，世界原来真的是这样的呀！

第四章 幼儿园的时光

图 4-2 我和果果姐姐在图书角

图 4-3 我和鸽子姐姐在大学图书馆

鸽子懂的真多！在工人第二新村小学的民俗庙会上，我的好朋友鸽子领着我到各个摊点看热闹（如图 4-4 所示）。剪纸的，捏泥人的，做糖画的……鸽子说，那些都是民俗文化。她还说，她也不知道民俗文化是个啥，但大人们说要传承，那我们就好好看着去传承吧！

图 4-4　我和鸽子逛庙会

我的老外朋友 Kay Wells 跟我玩吹泡泡呢（如图 4-5 所示）！等我有足够的力气和足够的能力，我也叫爸爸妈妈为我准备一个大大的魔法袋子，背着它去跟小朋友们变戏法！

图 4-5　我的老外朋友

我分不清左右脚，每次活动结束或者是午休起床，我的好朋友鸽子都会来提醒我，有时嫌我慢，干脆直接下手帮我穿！老师看到了，就会轻轻地说："让云溪自己来吧，她会穿好的！"

是的呢,我已经学会自己穿鞋子了!谢谢鸽子帮我分清左右脚(如图4-6所示)。

图4-6 朋友帮我学穿鞋

练了无数次,终于,在家我会做爸爸妈妈的小帮手,在幼儿园我会做老师的小帮手了(如图4-7所示)。老师还说,自己择的菜,吃起来更有味儿。是真的呢,自从学会了择菜,我再也不挑食了!

图4-7 我是老师的小帮手

上下台阶对我来说太难了！不过没关系哦，我有很多好朋友，他们都会帮助我（如图4-8所示）。我要好好锻炼，好想有一天，我也能帮助别人。

图4-8 我要好好锻炼

大家是不是都想知道轩轩在跟我说什么？"是悄悄话！"有人问，我就这样说。老师说，悄悄话只能是当事人知道，是不能告诉别人的。那我就不说吧，轩轩说她也不说，等我们长大了再给你们说。（如图4-9所示）

图4-9 我们的悄悄话

和大家一块玩游戏是我最开心的事！"……敬个礼呀握握手，你是我的好朋友。再见！"一会儿是你，一会儿是他，一会儿是我，几圈下来，每个人都能成为我的好朋友。在幼儿园交朋友，很简单的！（如图 4-10 所示）

图 4-10　找朋友

时间过得是不是很快？冬至啦，老师带大家包的彩色饺子呢！很好吃！我学会了用一只手扶着碗一只手握着勺子自己吃，再也不需要用手抓着吃了（如图 4-11 所示）。

图 4-11　我的新本领

上课了,老师点名,叫到我了,我还没想好"到"怎么发出来,旁边的语墨就把我的胳膊举起来了,真是个急性子!老师笑着说:"谢谢语墨帮忙!以后,我们等云溪实在做不到时,再帮助她,这些,她会做的,我们等一等,就让她自己做,好不好?"(如图4-12所示)

图4-12　点名游戏

做"穿越火线"游戏时,老师说一个也不能少,都得参加!站在横线边,鸽子跨过后站在那儿鼓励我,老师也走过来扶着我:"一、二、一!"跨过去了!云溪我也太棒了哈!(如图4-13所示)

图4-13　一个也不能少

小兔帽子很可爱,但大家都没有,只有我自己戴。唉,没办法。前不久才去医院做了个小手术,身体本来就弱,这会儿更不行了,走着走着就会摔倒。戴帽子前,我头上脸上经常被磕得青一块紫一块的。老师说看着都心疼,于是想出这么一招。好了,我又可以和小朋友一起玩游戏了。(如图 4-14 所示)

图 4-14 游戏真快乐

老师带我们游学,这是在商代遗址公园里的小山那儿休息呢(如图 4-15 所示)。老师给我们讲大班游玩时,大班的小哥哥于澎扬(泡泡)还作了一首打油诗呢——

遗址在人间,

后人建公园。

里面有小山,

游玩乐翻天!

玩得真开心!我也想跟着他们一起叫喊"乐翻天"呢,有点困难。下次吧,下次一定可以的!

图 4-15　商代遗址公园游学记

每天,阳光正好时,老师就会让我们到外面走走。鸽子总是像个大姐姐一样带着我(如图 4-16 所示)。"走走,走走走,我们小手拉小手,走走,走走走,一同去郊游。白云悠悠,阳光柔柔……"

图 4-16　小手拉小手，一同去郊游

玩拼图，因为我做得好，语墨嫌手指太小就用脑门给我印了一个大大的赞（如图 4-17 所示）！我会看到，语墨也会看到，你会看到吗？

图 4-17　大大的赞

我的会唱歌的布娃娃留在家里了，但"娃娃家"还有芭比娃娃呢。我会当她的妈妈，喂她吃，陪她玩。

那才不是辣椒呢，那是长得像辣椒的奶瓶（如图 4-18 所示）！我晓得，不能让小孩子吃辣椒。

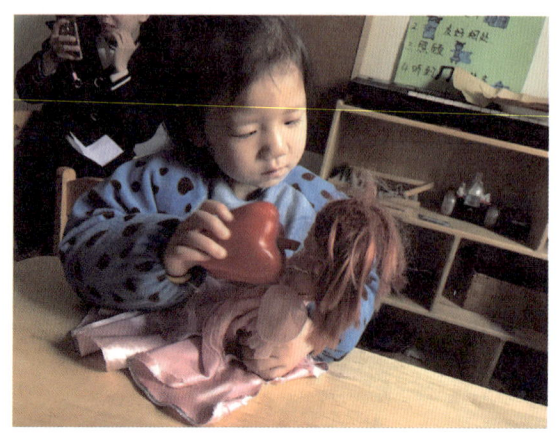

图 4-18　喂宝宝喝奶啦

我也想走"独木桥",可我不敢,也上不去。恒恒跑过来帮我(如图 4-19 所示),老师在一边笑着说:"这个小暖男小心过头了。"然后教恒恒扶着我一边胳膊,稍稍加点力就好了。我说开始有点不得劲儿呢,原来,他一边给我用力,一边又用手轻按,他是怕我摔倒。

在恒恒的帮助和保护下,我走了好几圈的"独木桥"!

图 4-19　恒恒带我练习走"独木桥"

老师经常带我们游学，游学过程中我们学会了好多东西。途中休息，大家拿出各自的零食分享，我也把自己带的糕点拿出来分享，呜呜累得想吃都不伸手，我就去喂他（如图4-20所示）。

"云溪棒棒的，也会关心和帮助小朋友了。"

图4-20　我们都很爱分享

"加油！云溪，加油！像这样用力抱紧它！"果果在一边给我加油，还不忘教我方法。妮妮再用力，我也有抢过来的决心！（如图4-21所示）

图 4-21 加油！加油！

图书馆里的书真多哇！云溪什么时候能看懂它们呢？

嘿，不想了，现在能摸摸它们、抱抱它们就已经很满足了！（如图 4-22 所示）

图 4-22 什么时候我能看懂呢？

走,这次游学我们要去公园了。我看起来像不像一只小袋鼠?衣服太大,包也太大,而我又太小。包放后面,我就走不稳,老师就想出这么个方法,我就做回小袋鼠吧。(如图4-23所示)

图4-23 看我像不像小袋鼠?

小朋友们真好!看到我想玩球,马上就把球传给我,我要快快接住它。朋友多,真快乐!(如图4-24所示)

图4-24 朋友多,真快乐

（三）我的作品（如图 4-25 到图 4-33 所示）

图 4-25　长满爱心的树

图 4-26　圈圈点点　点点圈圈

第四章 幼儿园的时光

图 4-27 我的世界其实我也不懂

图 4-28 老师说我有一双发现美的眼睛

067

图 4-29　想美甲，一不留神把整个手都美了

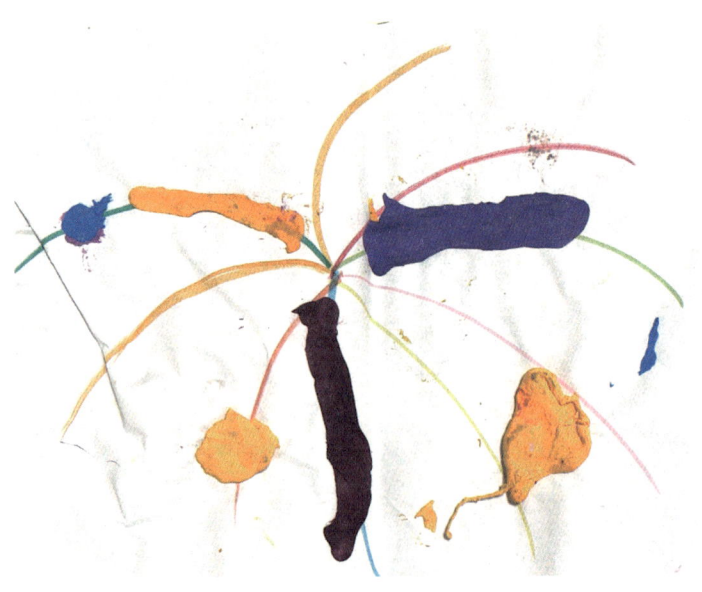

图 4-30　放烟花喽

第四章 幼儿园的时光

图 4-31 走不出的迷宫

图 4-32 彩色的雨

图 4-33 涂涂画画,把我的花瓶画得漂漂亮亮

二 天真烂漫的我（中班）

（一）我的故事

1. 不一样的我

爸爸妈妈有时会讲我刚进幼儿园时的糗事，我都会去捂他们的嘴。我晓得我要做些我自己能做的事，可我老会忘记做。有时，小朋友会提醒我，可我不想理他们，所以，在教室里，你就会经常听到"老师，云溪没有漱口！""老师，云溪没有擦桌子就出去玩了！""老师，云溪的餐具没有收！"……这样的喊声。后来，老师给我做了餐后时间程序表，我就很少出错了。

有一天，我和轩轩、涵涵做了一件让老师"又后怕又激动的事"（老师那么说的）。餐后，我们仨趁老师不注意，溜出了教室，慢慢爬到了一楼转向台，"高高在上，藐视一切！"（老师说的）我们很害怕，老师要吵我们了？海丽老师轻声地说让我们站好，她要给我们拍照："你们别动哈，我去拿手机。"海丽老师匆匆进了教室，一会儿芳莉老师也出来了："我们的云溪、轩轩、涵涵太棒了！不过，以后想上楼要叫上老师哦，你们不能擅自行动！"你看，老师一急成语也出来了，也不管我们懂不懂！芳莉老师一边说一边三步并做两步地到了我们身边，海丽老师在台阶下还没忘拍照。我们不想让老师抱，老师便鼓励我们自己下，教我们拉着楼梯扶手一步一步地下。可我真的不敢自己下，我就坐在台阶上，挪动着小屁股下来了!

2. 我是善解人意的小云溪

大家还记得那个胖胖的朱老师吗？她是幼儿园的语言治疗师，每周她都会陪我玩。有一次，她好像生病了，一直用喝水的方式来压制咳嗽。我很心疼她，不想让她给我说话，就用目光阻止她。她不愿意，一定要坚持跟我说话。我只好安静下来听她说，开始她没有咳嗽，但我能感觉到她的喉咙疼，有点说不出话来。在她教我发音的时候，我用不开心的眼睛一直盯着她，我就是不跟她学，眼看老师就要生气啦，我赶紧用她教给我的手势告诉她要安静等一等，然后我从椅子上快速地下来，走到桌子跟前拿起她的杯子让她喝水，又用我的小手轻轻地拍着她的后背，接下来我把食指放在嘴巴上发出嘘嘘的声音，意思是让她安静不要说话，然后我自己可以做其他的事情，不学发音了。就这样时间很快过去了，结束的时候我又提醒朱老师要记得喝水。隔天我给老师带了一袋药，想老师快点好起来，喉咙不痛了，就可以陪我玩了。可不知道为什么朱老师她哭了，哭得稀里哗啦。不过没关系，等我学会用语言来表达后，我就可以安慰她，我再向她提问题。我还想跟她说，我特别喜欢她抱着我的那种感觉……

（二）我的融合教育档案（中班）

是的，我在小班的时候，爸爸妈妈也填过这几个表，但是现在我长大了，有变化的，还得麻烦爸爸妈妈填写。不信你看，我长大了，能干了吧。爸爸妈妈关心的事也不一样了，我不知道为什么，只知道他们常常笑。

1. 幼儿基本资料表、幼儿兴趣物调查表、家庭关心事项调查表、幼儿学习特点调查表（分别如表 4-3 至表 4-6 所示）

表 4-3　幼儿基本资料表

幼儿基本资料表									
1. 基本信息									
姓名	王云溪		性别	女		填写人	王××	填写日期	2019年1月3日
出生日期	2012年10月1日			障碍类型	多重障碍		残疾证号	无	
家庭成员									
家庭成员	姓名	年龄	职业	文化程度	兴趣爱好	身体状况	有无烟酒嗜好	手机	电子邮箱/QQ
父亲	王××	××	××	××	××	××	××	××	××
母亲	王××	××	××	××	××	××	××	××	××
姐姐	王××	××	××	××	××	××	××	××	××
其他	共同居住的祖辈			奶奶					
^	健康状况			健康					
^	主要亲属有无重大精神疾患和其他特殊需要			无					
^	家庭住址及邮编			河南省郑州市××路××小区××号楼××室 450000					

续表

幼儿基本资料表
2. 生长发育史
（幼儿发展过程中一些重要的成长记录，如孕期及生产过程，里程碑的动作，以及语言、社交、行为等发展时间及情况等） 　　于 2012 年 10 月 1 日经剖宫产术出生，足月儿小于胎龄儿。出生后因新生儿肺炎、呼吸性酸中毒、心肌损伤、腹腔包块在监护室药物治疗。出生 5 天因不会排尿被诊断为神经源性膀胱，入院药物治疗。出生 30 天因消化问题入院药物治疗。出生 3 个月一直到 1 岁因脑发育不良合并运动、听力、视力障碍入院治疗，断续经过药物治疗、针灸按摩和物理治疗。之后在家经常口服帮助代谢、消化、生长发育的药物，并配合家人按摩治疗。2016 年 5 月因抽搐入院，确诊为癫痫发作，配合药物治疗。 　　奶粉养育，身体发育迟缓，9 个月左右才会坐，会爬行，会伸手拿东西，全身没有力气，2 岁半开始学习走路，3 岁会走路，但特别容易摔倒，平衡不好，肢体协调性差，肌张力低，眼睛轻微斜视。1 岁开始长牙，2 岁开始学说话，但语言发展缓慢，4 岁才会发声叫爸爸妈妈，语音微弱，词语表达不清，在幼儿园学习使用一些表达简单的生活需求的用语，如要、喝、好等字词；目前 6 岁 3 个月，独立生活能力差。
3. 医疗史
（重大疾病就诊、障碍类型的诊断、对儿童有影响的疾病史或用药，如障碍原因、用药情况、过敏情况） 　　云溪出生 6 个月的时候发现她健康有问题，后来确诊为脑发育不良。对孩子有影响的疾病：对食物和药物吸收差、代谢慢，用药无过敏情况。
4. 康复史

起止日期	医院 / 机构	康复项目
2013 年 1 月—2014 年 3 月	某医院	针灸、药物、激光针治疗（超短波治疗、短波治疗）、按摩、家中做肢体训练，最多的是药物治疗

5. 教育史		
起止日期	早教机构 / 幼儿园	适应概况
2016 年 9 月至今	奇色花福利幼儿园	很适应幼儿园的生活，自理能力有所提高，很喜欢与小朋友玩

续表

幼儿基本资料表	
6. 日常生活状况	
项目	具体描述
饮食	（您的孩子一般什么时间、在哪里和谁一起吃早、中、晚餐？一般吃什么食物？孩子对三餐是否很有胃口？好或不好的原因是什么？） 孩子一般周一至周五早上和中午在幼儿园和小朋友进餐，晚饭是和爸爸、妈妈、姐姐、奶奶一起进餐。幼儿园的食物荤素搭配，营养合理。我们在家大多晚饭都吃素食，都是稀饭、蔬菜、馒头，孩子有时很有胃口，有时几天都会说不想吃饭。吃饭胃口不好的原因不是很清楚，医生说孩子脾胃不好，消化功能差；有时可能做的饭不合胃口。
睡眠	（您的孩子一日生活作息规律是什么，如什么时间做什么事情或活动？日常午休／夜间睡眠规律是什么？午休／夜间睡眠质量是否很好？好或不好的原因是什么？） 孩子晚上的睡觉时间一般都是十点到十一点，周末午休时间是下午三点到四点，睡得晚，睡的时间短。周末因没有人在家带孩子只能将其带到上班的地方，没有安静的睡觉环境，所以孩子睡得晚，睡的时间短。
衣着	（您的孩子都有什么样的穿脱外衣和内衣的技能？您是怎样帮助孩子的？孩子穿脱衣服时候是很容易还是很困难？容易或困难的原因是什么？） 孩子穿外衣、内衣的上衣都有点小困难，两个手动作不协调，每次孩子穿衣服的时候我都需要在旁边帮助和指导，穿鞋子、袜子、裤子孩子自己都穿得很好。
盥洗	（您的孩子都能完成哪些盥洗活动？孩子盥洗时需要什么样的帮助？盥洗时是很容易还是很困难？容易或困难的原因是什么？） 孩子自己会洗脸、洗手、漱口、洗脚。洗脸的时候只需要成人把孩子的袖子挽起来。孩子个子小，洗手、洗脸需要搬小凳子站上去，然后就自己完成。
如厕	（您的孩子如厕有什么样的时间规律？您是怎样训练孩子如厕的？如厕通常没问题还是很困难？原因是什么？） 孩子从出生就脾胃不好，肠道也不好，大便没规律，大便她会找大人帮助。因为大便困难，孩子在学校很少大便，经常看见家长就会说要大便。在学校老师们照顾得很好，可能孩子换个地方如厕还不习惯。

续表

幼儿基本资料表	
6. 日常生活状况	
项目	具体描述
玩耍和互动	（您的孩子最喜欢玩的玩具是什么？最喜欢玩耍的活动是什么？其他小朋友喜欢和您的孩子玩耍和互动吗？为什么？孩子和其他小朋友玩耍或互动很困难吗？为什么？） 孩子最喜欢的玩具是毛绒玩具、洋娃娃，喜欢户外活动，喜欢骑滑板车，喜欢模仿大人做健身操。只有2岁到3岁的孩子和云溪玩，4岁到8岁的孩子都不和云溪玩，因为云溪从小眼睛斜视，所以大一点的孩子看见云溪都笑话云溪，躲避云溪，说难听的话攻击云溪，因为这个问题让我们一家人都很受伤害，所以也就经常不愿带孩子外出玩耍。
沟通交流	（您的孩子用什么样的方式和人交流？喜欢和成人还是孩子交流？孩子与人交流是很顺利还是有困难？很顺利或有困难的原因是什么？） 云溪语言发展缓慢，和小朋友交流不顺利，经常和小朋友玩着玩着就会起冲突、闹矛盾。云溪喜欢依赖大人，喜欢和自己熟悉的大人玩耍，在熟悉的大人面前撒娇。

表 4-4　幼儿兴趣物调查表

幼儿兴趣物调查表				
幼儿姓名：王云溪　　班组：中一班　　填写日期：2019年1月3日　　填写人：王××				
最喜欢的食物		最喜欢的饮品		
主副食	米饭 饺子 稀饭	饮料		可乐 红茶 果粒橙
水果	橘子 香蕉 西瓜	奶类		酸奶 纯奶
零食	棒棒糖 牛奶 面包	果汁		鲜橙多 石榴汁
其他	无	其他		无
最不喜欢的食物		最不喜欢的饮品		
黑色食物		药		
最喜欢的室内活动		最喜欢的室外活动		
听音乐，做手工，看电视和电子产品，帮助妈妈做家务（擦桌子、扫地等）		玩水，滑滑梯，荡秋千，玩小皮球，喜欢和爸爸做体操运动、做游戏		

续表

幼儿兴趣物调查表			
最不喜欢的室内活动			最不喜欢的室外活动
无			无
最喜欢的物品/玩具 （请在合适的物品后打"√"）		最喜欢的奖励 （请在合适的方式后打"√"）	
积木	√	糖果	
洋娃娃	√	书	
汽车		口头赞扬	√
球	√	拥抱	√
其他	可爱的毛绒玩具	其他	亲吻脸颊
最不喜欢的物品/玩具		最不喜欢的事情	
不喜欢音乐声音很大的玩具		打屁股	
其他情况说明			最不喜欢吃药，生病时不喜欢大人给她喂药

表 4-5　家庭关心事项调查表

家庭关心事项调查表				
幼儿姓名：王云溪　班组：中一班　填写日期：2019 年 1 月 3 日　填写人：王××				
序号	针对孩子的关心事项 我关心……	关心程度		
^	^	优先关心	关心但非优先	目前不关心
1	更多地了解孩子目前的优势与需求	√		
2	了解提供给孩子的相关服务及课程		√	
3	更多地了解孩子的情况，包括障碍	√		
4	为孩子将来的相关服务与课程做计划		√	
5	了解孩子成长和学习（如：社交、动作、自我照顾方面）	√		
6	学习照顾和帮助孩子的方法（如：摆位、饮食、健康）	√		

续表

序号	针对孩子的关心事项 我关心……	关心程度		
		优先关心	关心但非优先	目前不关心
7	学习相关法律政策、家长的权利及如何为孩子争取权益		√	
8	处理孩子的问题行为	√		
9	学习如何与孩子交谈和游戏	√		
10	与老师和专业人员谈论孩子的课程	√		
	针对家庭的关心事项 **我关心……**			
11	向兄弟姐妹、亲朋好友解释孩子的特殊需求	√		
12	孩子获得兄弟姐妹的支持	√		
13	家人和朋友参与对孩子的照顾或孩子的自由活动	√		
14	为家庭提供咨询服务		√	
15	学习自己解决家庭问题	√		
16	从朋友、配偶、邻居处得到更多的支持	√		
17	为配偶取得更多的支持	√		
18	拥有自己的时间	√		
19	与家人一起休闲娱乐	√		
	针对社区的关心事项 **我关心……**			
20	和其他家庭互动		√	
21	加入家长团体或有特殊需要儿童的团体		√	
22	了解政府的补助和儿童获得补助的资格		√	
23	带儿童参与社区活动		√	
24	为其他家庭提供帮助		√	

其他关心的事项或需求：
  非常关心孩子的身高、语言和交流能力，盼望孩子能自理、身高能有增长。

担心和期望：
  担心孩子身体和智力，期望孩子有好的表达与交流能力，期待孩子的运动能力能提高一点，走路能够平稳。

表 4-6　幼儿学习特点调查表

幼儿学习特点调查表							
幼儿姓名	王云溪	性别	女	班级	中一班	填写日期	2019 年 1 月 18 日
项目		幼儿情况				简单说明		
常用的信息接收通道		☐ 视觉　　☐ 听觉 ☐ 视/动　　☐ 听/动 ☑ 综合				一般是听觉和视觉两者结合进行学习，在与她互动的过程中需要语言简洁、指令明确。		
目前所处的认知阶段		☐ 具体物（动作、实物） ☑ 半具体物（图示） ☐ 抽象（符号、文字）				处于半具体事物向抽象概念的发展阶段，需进行引导和练习。		
常用的表达方式		☑ 发出声音　　☑ 做手势、动作 ☐ 通过表情　　☑ 运用口语 ☐ 指图片　　　☐ 指文字 ☐ 书写　　☐ 普通话　　☐ 方言				对于常见情景，如喝水，能用短句与人沟通。偶尔会不愿意说，直接用动作指出，如饿了会指肚子。		
适宜的活动形式		☑ 小组　　☑ 团体　　☑ 个别 ☐ 动态　　☑ 静态				比较喜欢安静的活动，如看书、画画、操作桌面材料等。对于小组形式的活动，参与度较高。		
学习的独立性		☐ 强　　☑ 一般　　☐ 弱				在幼儿园愿意独立做事情，如进餐、如厕、换鞋等，在家人面前会依赖父母，不愿意做。		
学习的主动性		☐ 强　　☑ 一般　　☐ 弱				在成人的引导下愿意尝试做一些事情，一般不主动积极参与。		

2.《学前儿童教育发展评量手册》

（1）综合发展曲线图如图 4–34 所示。

综合发展曲线图

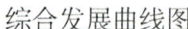

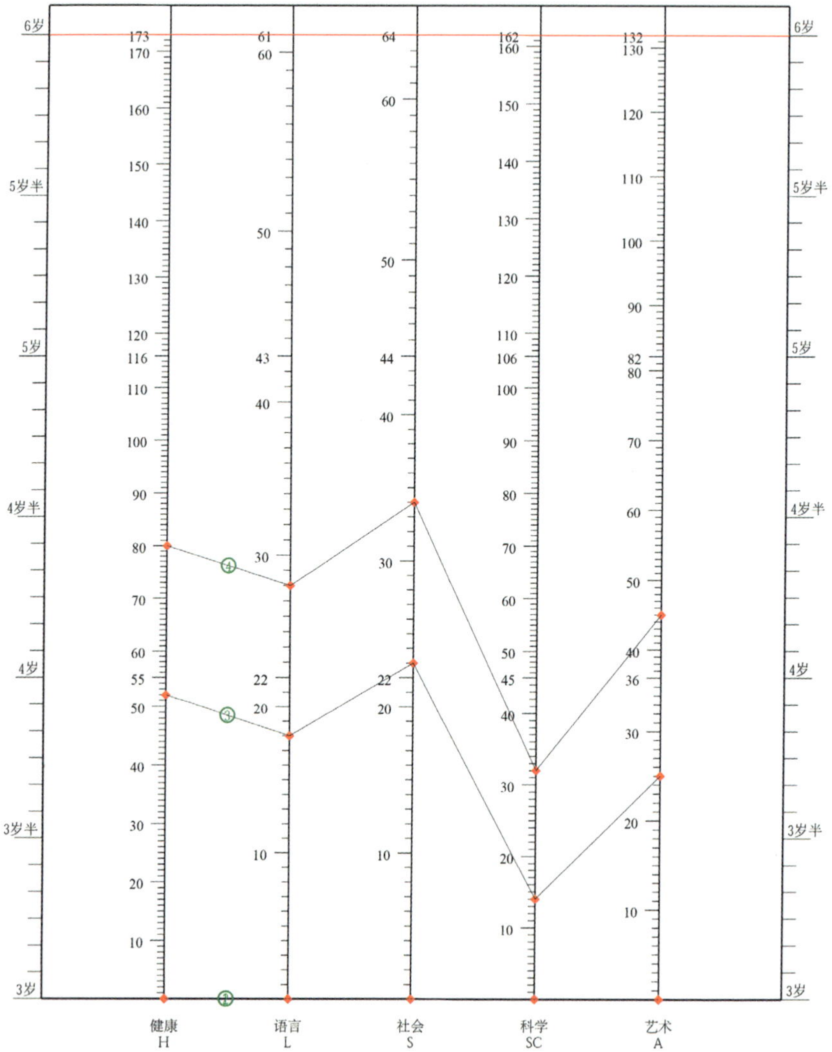

图 4–34　综合发展曲线图

（2）发展分类图（健康、语言、社会、科学、艺术）如图 4-35 到图 4-39 所示。

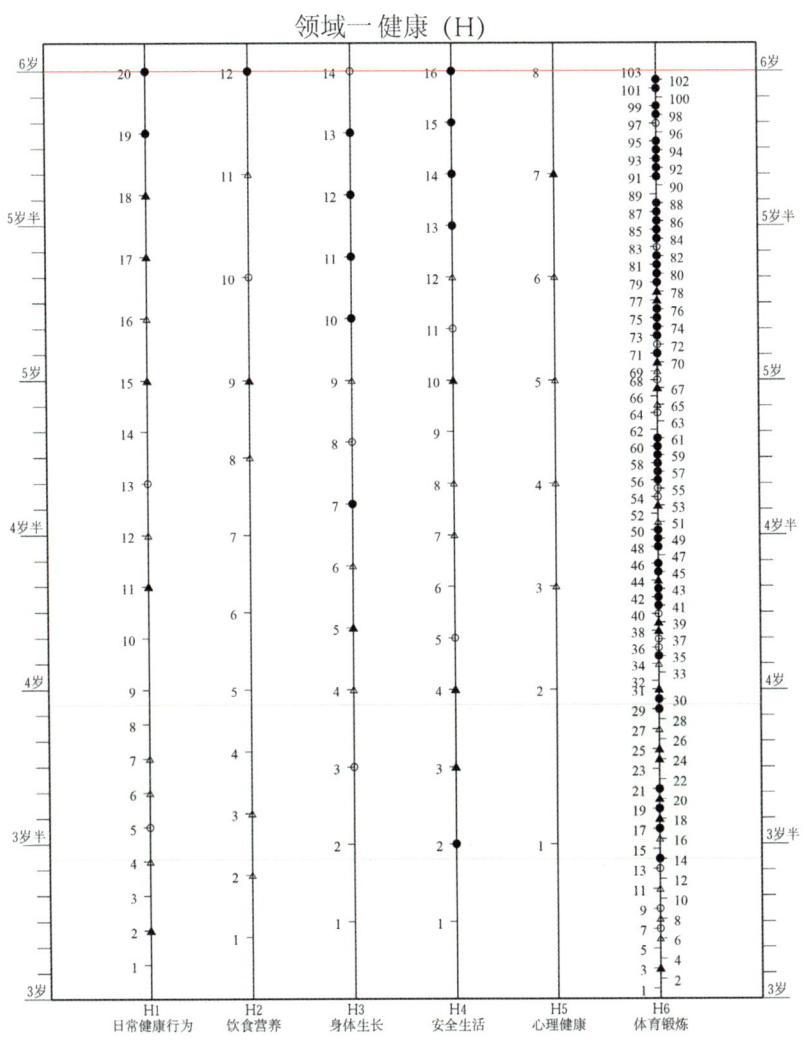

图 4-35 健康领域发展图

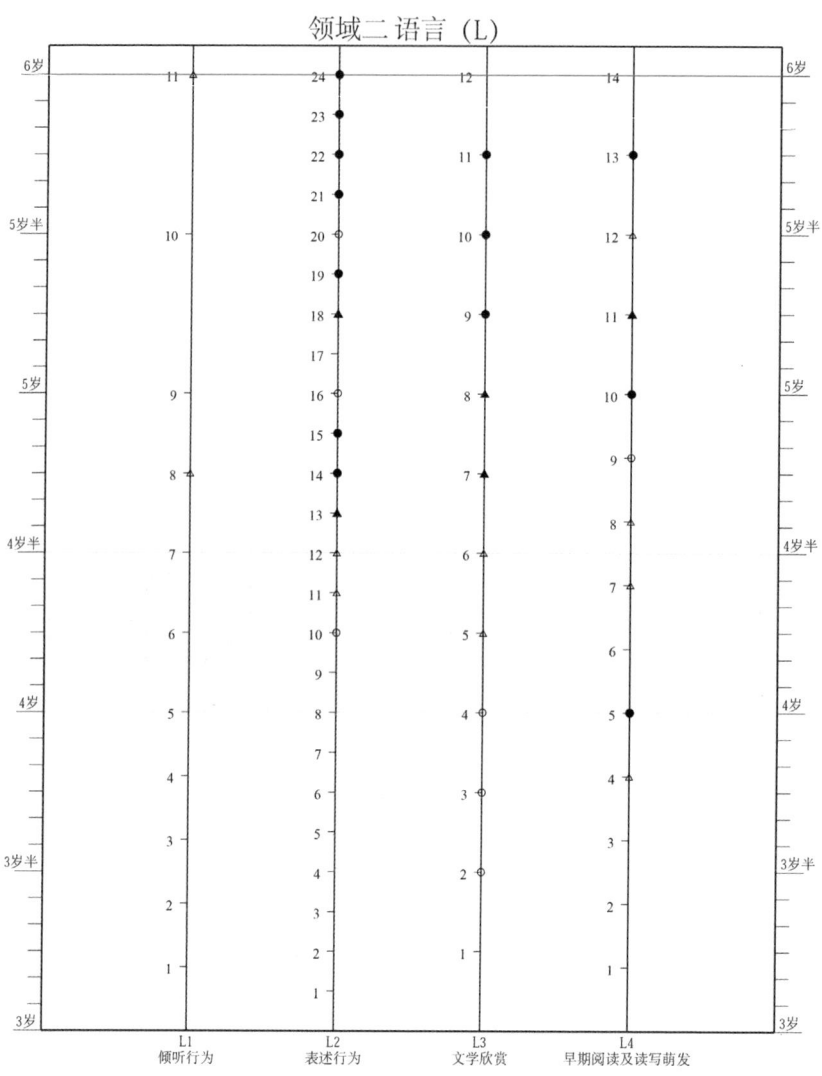

图 4-36　语言领域发展图

第四章 幼儿园的时光

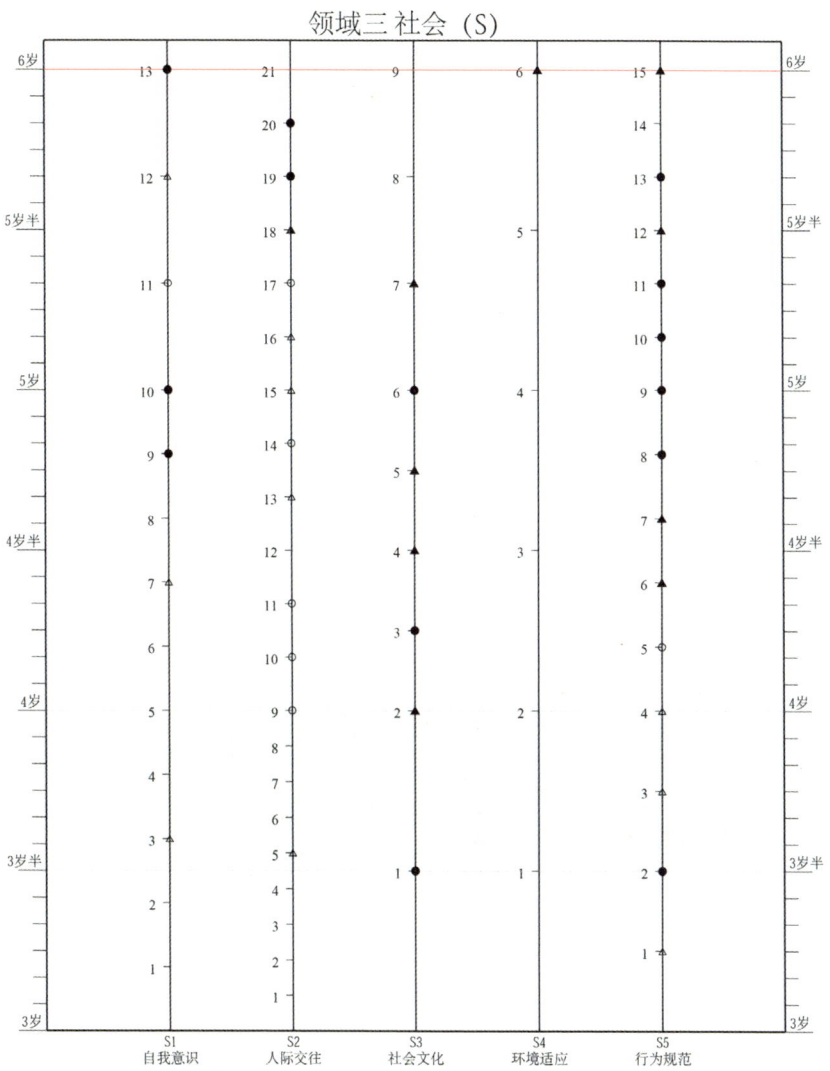

图 4-37 社会领域发展图

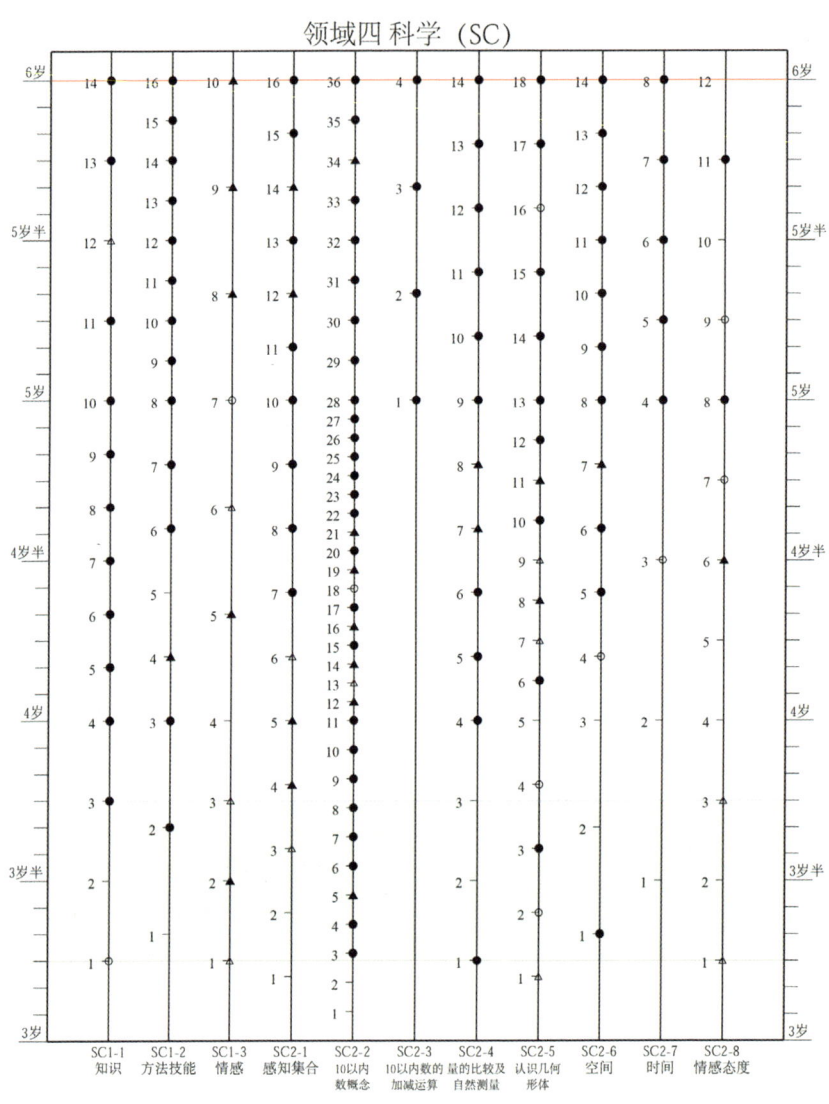

图 4-38 科学领域发展图

第四章 幼儿园的时光

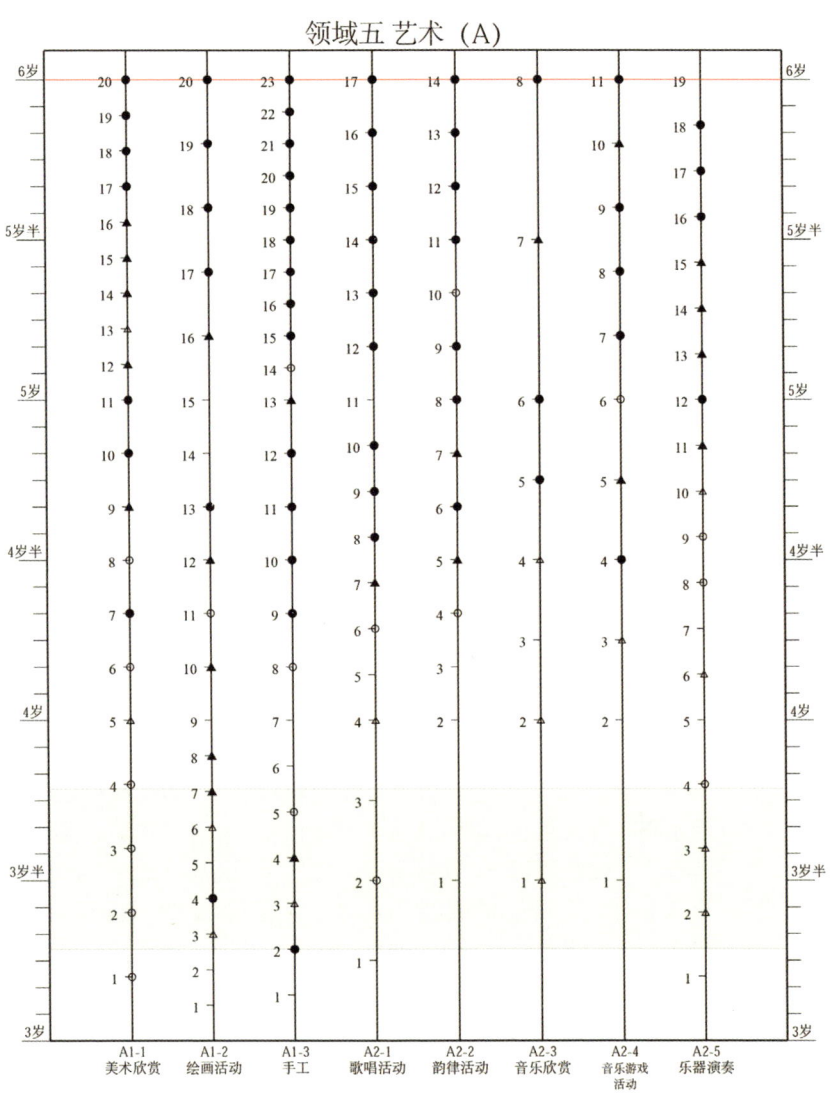

图 4-39 艺术领域发展图

3. 评量结果综合分析报告（如表 4-7 所示）

表 4-7　评量结果综合分析报告

评量结果综合分析报告			
幼儿姓名：王云溪　　班级：中一班　　撰写时间：2019 年 1 月 18 日 撰写人：刘冰　李海丽			
领域	现状分析	原因推断	建议策略
社会 优势：自我意识、人际交往、环境适应 需加强：社会文化、行为规范	优势：有良好的自我意识，如认识自己的椅子及姓名卡，会根据自己的兴趣选择相关的游戏活动；愿意做自己会做的事情；有较强的环境适应能力，如对幼儿园、社区有兴趣，并积极参与组织的活动；愿意与熟悉的幼儿一起活动及参与成人组织的活动；会使用礼貌用语，如谢谢、不客气等。 需加强：对社会文化的了解较少，理解较困难，如节庆活动、国家、民族、家乡的人文景观；规则意识需加强，如尚不能完全遵守基本的游戏规则、理解规则的意义及和同伴协商制定规则。	（1）社会文化知识涉及较少。 （2）云溪自身认知理解有限。 （3）自主意识较强，喜欢按自己的意愿做事，同伴的指令会拒绝完成。 （4）关心周围的人或事物过多，忘记自己当下要做的事情。 （5）规则理解能力有限。	（1）成人带云溪外出游玩时，引导云溪看周围的风景名胜、著名建筑，了解独特的物产，一起看有关的电视节目。 （2）利用实际生活情境和图书故事，向云溪介绍一些必要的社会行为规则以及为什么要遵守这些规则。 （3）利用结构化教学流程，告知云溪要先完成自己的事情之后，再去帮助其他幼儿。 （4）经常带云溪玩带有规则的游戏，遵守共同约定的游戏规则。

续表

领域	现状分析	原因推断	建议策略
语言 **优势**：倾听行为、早期阅读及读写萌发 **需加强**：表述行为、文学欣赏	**优势**：有良好的倾听习惯，如认真听并能听懂常用语言；执行成人发出的简单指令；喜欢听故事，会安静地看书；会在范围内画线。 **需加强**：理解较难的语言逻辑，如用形容词对实物进行描述，用短句进行提问，会用语句完整连贯地讲述事情的发展过程；对文学作品的欣赏与理解较困难，如较难说出作品的主要内容、对作品进行创编/仿编、根据画面说出发生的事情等。	(1) 语言理解能力有限。 (2) 词汇量掌握不多。 (3) 较少用多种形式表达对作品的理解，练习机会少。	(1) 根据云溪的理解水平，有意识地使用一些反映因果、假设、条件等关系的句子。 (2) 鼓励和支持云溪与同伴一起玩耍、交谈，相互讲述见闻、趣事或看过的图书、动画片等。 (3) 提醒云溪遵守集体生活的语言规则，如轮流发言、不随意打断别人讲话等。 (4) 经常和云溪一起阅读，引导云溪以自己的经验为基础理解图书的内容，如和云溪一起讨论或回忆书中的故事情节，引导云溪有条理地说出故事的大概内容。

续表

领域	现状分析	原因推断	建议策略
健康 **优势**：日常健康行为、饮食营养、心理健康 **需加强**：身体生长、安全生活、体育锻炼	**优势**：有良好的日常健康行为，如穿脱衣服、洗手、如厕；饮食习惯良好，如独立进餐、不挑食、愿意饮用白开水、细嚼慢咽；情绪保持稳定，愿意简单地说出自己的情绪，并能在成人的安抚下稳定情绪。 **需加强**：每天按时睡觉和起床，控制连续看电视的时间；了解及遵守安全知识，如活动时会注意安全，知道基本的安全知识；身体平衡能力较弱，应加强锻炼，如单脚站立3秒到5秒，单脚踩高跷在平地上走，从高处（25 cm—30 cm）往下跳并双脚落地。	（1）自我控制意识较弱。 （2）安全知识掌握较少。 （3）身体协调性需加强。	（1）发展云溪动作的协调性和灵活性，如鼓励云溪进行跑、跳、钻、爬、攀登、投掷、拍球等活动。 （2）利用多种活动发展身体平衡和协调能力，如走平衡木、蒙眼走路、踩小高跷等。 （3）结合生活实际对云溪进行安全教育，如了解周围环境中不安全的事物，不做危险的事。

续表

领域	现状分析	原因推断	建议策略
艺术 **优势**：绘画活动、歌唱活动、音乐欣赏活动、乐器演奏活动 **需加强**：美术欣赏、手工、韵律活动、音乐游戏活动	**优势**：能够使用不同的绘画工具大胆作画，会画简单的线条和形状；能模仿学唱短小歌曲，喜欢听音乐，并能用身体动作、简单语言表达对音乐的感受，跟随音乐有节奏地敲奏乐器。 **需加强**：尝试用语言、表情表达对美术作品的理解、想象，大胆使用剪刀；会基本的折纸，能用律动或简单的舞蹈动作表现自己的情绪或自然界中的事物，能用动作、表情创造性地表现音乐游戏中不同的音乐形象。	（1）对艺术方面的理解较简单。 （2）手部精细动作需要加强。 （3）目前处于模仿成人/其他幼儿阶段，不会自己创编。	（1）让云溪观察常见的动植物以及其他物体，引导云溪用自己的语言、动作描述它们的颜色、形状、形态等。 （2）创造机会和条件，支持云溪自发的艺术表现力和创造力，如提供丰富的便于云溪取放的材料、工具和其他物品，支持云溪进行自主活动。 （3）提供丰富的材料，如图书、照片、绘画或音乐作品等，让云溪自主选择，用自己喜欢的方式去模仿和创作。

续表

领域	现状分析	原因推断	建议策略
科学 **优势**：感知集合、认识几何形体、空间、情感态度及方法技能 **需加强**：知识、方法技能、10以内数的概念、10以内数的加减运算、量的比较及自然测量、时间	**优势**：常常动手动脑探索物体和材料，并乐在其中；按物体的某一特征进行分类；认识常见的图形，并在一堆物体中找出来；会按指定的方向运动。 **需加强**：对常见的科学知识不了解，如常见的物理现象、不同季节的特点；用简单的句子描述事物的特征；对10以内数的概念不了解，如实物与点子配对；手口一致地从左到右点数，并说出总数；认识数字并知道多1少1的概念；借助实际情景和操作理解"＋""－"的实际意义；对物体的属性进行比较及感知守恒概念；初步体验时间与时间顺序的关系。	（1）对科学知识理解较简单。 （2）语言理解能力受限，表达不出来。 （3）逻辑思维能力需要加强。 （4）认知能力目前处于具体形象阶段，需要用实物帮助幼儿理解。 （5）数学概念较抽象，理解能力受限。	（1）结合云溪的生活需要，引导云溪体会人与自然、动植物的依赖关系，如：动植物、季节变化与人们生活的关系，常见灾害性天气给人们的生活和生产带来的影响等。 （2）引导云溪感知和体会生活中很多地方都能用到数，关注周围与自己生活密切相关的数的信息，体会数可以代表不同的意义，如：用数字做标识的事物（电话号码）、使用数进行一些简单的推理（今天是星期五，推断明天是星期六，爸爸休息）。 （3）鼓励和支持云溪发现、尝试解决日常生活中需要用到的数学问题，体会数学的用处，如在家帮助家人摆放餐具。 （4）利用生活和游戏中的实际情境引导幼儿理解数的概念，如和云溪一起手口一致点数物体，说出物体的总数。

第四章 幼儿园的时光

续表

领域	现状分析	原因推断	建议策略
一日生活常规 **优势**：早入园、大小组计划、户外体育活动、如厕盥洗、餐点、收拾和衔接时间、晚离园、遵守常规、沟通 **需加强**：计划—工作—回顾、午休、喝水	**优势**：经提醒能主动向周围人问好、说再见；情绪愉快地上幼儿园；在老师的提醒下选区域并在区域内选择材料进行操作；户外活动时能够跟随集体，并在教师的视线范围内活动；生活活动自行完成，如正确洗手、自行如厕、餐后送餐具并漱口擦嘴、午休后独立迅速地穿衣服、喝水时不玩水；收拾整理较快；晚离园能在叫到自己名字后收拾物品离开；大部分时间能跟随班级的一日生活流程进行活动；会用简单的动作或字词表达自己的需求。 **需加强**：工作结束后较完整地进行回顾，大小组活动中和同伴一起进行讨论，安全意识需要加强，午休时需要成人陪伴才能入睡，转换活动的速度需要加强。	(1) 词汇量掌握较少，只能用简单的动作或者字词表达自己的想法。 (2) 喜欢关注周围的人或事，降低了自己转换活动的速度。	(1) 当云溪有表达需求时，成人放慢语速描述当下的活动或她的需求，请她重复。 (2) 活动进行前告知云溪，请云溪先完成自己的事情，还有空闲时间再去关心周围的人或事。

4. IEP/IFSP（个别化家庭服务计划）计划指南（如表4-8所示）

表4-8　IEP/IFSP 计划指南

<table>
<tr><td colspan="6" align="center">IEP/IFSP 计划指南</td></tr>
<tr><td>幼儿姓名</td><td>王云溪</td><td>出生日期</td><td>2012年10月1日</td><td>性别</td><td>女</td></tr>
<tr><td>班组</td><td>中一班</td><td>填写日期</td><td>2019年1月18日</td><td>填写人</td><td>刘冰　王××</td></tr>
<tr><td>IEP/IFSP
会议日期</td><td>2019年1月18日</td><td>时间</td><td>13：00—14：30</td><td>地点</td><td>会议室</td></tr>
<tr><td>参与计划人员</td><td colspan="5">刘冰　张艳芳　司彩玲　李海丽　朱秀花　王××</td></tr>
<tr><td colspan="6" align="center">优势</td></tr>
<tr><td colspan="3" align="center">幼儿的优势
（包括最近的进步或变化、最喜欢的活动、特质）</td><td colspan="3" align="center">家庭的优势
（包括现有的资源、能力、支持）</td></tr>
<tr><td colspan="3">家庭：语言增多，主动表达的次数增加；愿意参与家务劳动，喜欢写写画画，听儿歌；尝试自己独立穿衣服；睡前自己脱衣服

幼儿园：能够跟随班级一日生活流程；生活自理能力较好，能独自穿脱一般衣物，如脱鞋、脱衣服、穿裤子；饮食习惯良好，不挑食；喜欢和小朋友一起参与集体活动；能在老师的引导下选择区域并进行材料的操作，工作结束后能主动地收拾材料并转入下一个活动；能够听懂简单的指令并执行</td><td colspan="3">有足够的时间和精力陪伴孩子，愿意借助家里和外界的资源帮助孩子更好地发展（语言、智力、知识、运动能力）</td></tr>
<tr><td colspan="6" align="center">家庭优先重视事项</td></tr>
<tr><td colspan="3" align="center">幼儿的目标</td><td colspan="3" align="center">家庭关心事项</td></tr>
<tr><td colspan="3">自理能力提升，能独立做事情</td><td colspan="3">孩子获得兄弟姐妹的支持</td></tr>
<tr><td colspan="3">能表达自己内心的想法和理解别人的意思</td><td colspan="3">家人和朋友参与对孩子的照顾或孩子的自由活动</td></tr>
</table>

续表

家庭优先重视事项			
幼儿的目标			家庭关心事项
情绪控制，减少问题行为			学习自己解决家庭问题
能跟小朋友友好地玩，能听懂并遵守游戏规则			为配偶取得更多的支持
幼儿短期发展目标			
领域	目标代号	短期目标	初始表现	预期表现

领域	目标代号	短期目标	初始表现	预期表现
健康	H1-5	自行穿上一般衣物（3个）	1	3
	H6-17	单脚踩高跷在平地上走	0	3
	H6-18	双脚原地跳	1	4
语言	L2-5	在老师的引导下能够用短句提问（2个）	1	3
	L2-7	能用2—3组词语组成的句子叙述活动	1	3
社会	S2-9	想加入同伴的游戏，能友好地提出请求	2	3
科学	SC2-1-4-5	能为一组实物（物体个数在3以内）一一对应配对，并说出一样多	0	2
	SC2-1-10-1	能按照范例ABC进行简单规律排序	0	2
	SC2-2-5	认识数字1—3及对应的数量	0	2
艺术	A1-2-7	会画简单的形状（圆形、正方形、三角形）	1	3
	A2-1-3	能模仿学唱短小歌曲	2	4
一日生活常规	CL5-2-7	餐后主动用纸巾/餐巾擦嘴漱口	2	4
	CL2-4	学具操作完后在老师提示下放回原处	2	4

5. 个别化教育计划会议记录（如表4-9所示）

表4-9　个别化教育计划会议记录

个别化教育计划会议记录	
幼儿姓名　王云溪　　　主持人　朱秀花　　　记录人　李海丽	
时间　2019 年 1 月 21 日　13：00 — 14：30　地点　会议室	
参会人员（含幼儿园行政人员、班级教师、家长、其他专业人员等）	
讨论事项	决议事项
1. 朱老师介绍会议目的、流程及参会人员。 2. 班级教师分别总结性描述孩子在幼儿园的融合情况。 （1）刘冰老师介绍一日生活流程情况。 （2）张艳芳老师分区域介绍工作时间情况。 （3）司彩玲老师介绍饮食和日常健康行为方面情况。 3. 妈妈分享近期幼儿在家的变化。 （1）语言：词汇量增加，分辨能力有所加强。 （2）运动：力气增加，能够蹲跳。 （3）会模仿教师教爸爸，如：在送云溪上幼儿园途中会教爸爸唱歌，爸爸唱错了，会说"不对"，并重新教。 4. 教师介绍幼儿发展评量结果。 （1）根据综合发展曲线图表可以看出云溪整体发展处于4岁6个月的水平，语言和科学领域分别在3岁10个月和3岁7个月的水平。 （2）刘冰老师为家长说明发展分类图中的最近发展区，并给家长列举其中的目标进行解释说明。 （3）在讲解评估结果综合分析报告时，分析云溪的优势以及需加强的部分，侧重介绍给家庭的建议。 5. 与家长共同讨论IEP，确定IEP内容。 6. 家园双方表达期待。 （1）家长：希望孩子在园开开心心，能够跟得上班级的活动，留意如厕情况（大便）。 （2）教师：希望家长在家协助幼儿做力所能及的家务，多练习目标，父母教育方式统一，家园一致。	1. 教师给家长建议，家长很认同，表示回家后试一试运动能力，做蹲走、爬等动作。 2. 教师和家长都表示非常愿意改变，以达到彼此的期待，教师会根据家庭需求及时给予建议和方法。

个别化教育计划会议记录

参与人员签名	职称 / 关系	参与人员签名	职称 / 关系
刘冰	师生	张艳芳	师生
司彩玲	师生	李海丽	师生
王××	母女	朱秀花	师生

6. 个别化教育计划（如表 4-10 所示）

表 4-10 个别化教育计划（IEP）

个别化教育计划（IEP）									
姓名	王云溪	性别	女	年龄	6岁3个月	执行班组	中一班	计划实施起止时间	2019年3月至2019年6月
参与个别化教育计划者	（包含家长、教学主任、班级教师、相关专业人员等） 王×× 魏慧敏 刘冰 张艳芳 李海丽 司彩玲 朱秀花								
评量工具	《学前儿童教育发展评量手册》		监护人同意签名		王××	日期		2019年1月21日	

领域	长期目标	代号	短期目标	分步目标	初始表现	预期表现	期末表现	开始日期	完成日期
健康	提升自理能力	H1-5	自行穿上一般衣物（3个）	能扣上按扣	0	2	3	5月6日	5月31日
				能拉上拉链	1	3	3	4月1日	4月30日
				自行穿外衣	2	4	4	4月1日	4月30日

幼儿园的美好时光

续表

领域	长期目标	代号	短期目标	分步目标	初始表现	预期表现	期末表现	开始日期	完成日期
健康	提升身体姿势控制，发展平衡能力	H6-17	单脚踩高跷在平地上走		0	3	4	6月3日	6月28日
		H6-18	双脚原地跳		1	4	3	5月6日	5月31日
语言	促进语言表述行为的发展	L2-5	在老师的引导下能够用短句提问	会用问句："我可以吃/出去玩/拿吗？"	2	4	4	5月6日	5月31日
				会用"谁"发问	0	2	3	6月3日	6月28日
		L2-7	能用2—3组词语组成的句子叙述活动		1	3	3	4月1日	4月30日
社会	培养良好的人际交往能力	S2-9	想加入同伴的游戏，能友好地提出请求		2	3	3	5月6日	6月28日
科学	发展感知集合能力	SC2-1-4-5	能为一组实物（物体个数在3以内）一一对应配对，并说出一样多		0	2	2	4月1日	4月30日
		SC2-1-10-1	能按照范例ABC进行简单规律排序		0	2	2	6月3日	6月28日
	了解10以内数的概念	SC2-2-5	认识数字1—3及对应的数量		0	2	2	5月6日	6月28日

第四章 幼儿园的时光

续表

领域	长期目标	代号	短期目标	分步目标	初始表现	预期表现	期末表现	开始日期	完成日期
艺术	提高手部控制能力	A1-2-7	会画简单的形状（圆形、正方形、三角形）		1	3	3	4月1日	4月30日
艺术	提升歌唱能力	A2-1-3	能模仿学唱短小歌曲		2	4	4	5月6日	5月31日
班级适应行为	培养良好的自我服务能力	CL5-2-7	餐后主动用纸巾/餐巾擦嘴漱口		2	4	4	4月1日	4月30日
班级适应行为	培养良好的物品归位能力	CL2-4	学具操作完后在老师提示下放回原处		2	4	4	6月3日	6月28日

（备注：在制定短期目标时，将初期表现、预期表现填写上，"0"表示很差或几乎做不到，"1"表示有待加强或偶尔做得到，"2"表示表现平平或少数时间做得到，"3"表示较好或大多数时间做得到，"4"表示很好或经常做到。）

7. 个别化融合教育计划（IIEP）（2019年4月—2019年6月）（如表4-11、4-12、4-13所示）

表4-11　个别化融合教育计划（2019年4月）

个别化融合教育计划					
日期<u>2019年4月</u>　幼儿姓名<u>王云溪</u>　　教师姓名<u>刘冰　张艳芳　李海丽　司彩玲</u> 融合班级<u>中一班</u>					
（关键词：MS=融入式学习　　ES=嵌入式学习　　AS=添加式学习）					
目标代号	目标	幼儿行为表现／现状能力／基本能力	目前的处理方法	可用教学策略	可介入的教育环节
H1-5-1	自行穿外衣	会自己拿着衣服穿上一只袖子，另外一只手会去找袖洞，但常常找不到	教师拿着衣服领口让云溪找到袖洞口穿上另外一只袖子	MS＿＿＿ES＿＿＿AS＿✓＿ （1）教师或同伴帮助云溪把另一边衣服搭到肩膀上找到袖洞并伸进去。 （2）教师动作示范"身体向一侧倾斜"找另一个袖洞，云溪模仿，当找不到时，让云溪调整一下找的位置。	衔接
H1-5-3	能拉上拉链	在教师的动作辅助下能扣上拉链头，并能把拉链拉在一起	教师动作辅助一同将拉链拉上	MS＿＿＿ES＿＿＿AS＿✓＿ 分析拉拉链的步骤，反向连锁教学，教给云溪学习拉拉链，如教师把拉链头对齐后，云溪先练习把拉链拉上去以获得拉拉链的自信，完全会自己拉上拉链后，再来练习手眼协调地把拉链头对齐。观察云溪在哪一个步骤需要支持，若手部没有力气不能拉上拉链时，教师及时辅助给予一些力量；若不能对齐时，及时辅助云溪的手将拉链放到拉链孔里，并提醒云溪眼睛要看着。	衔接

第四章 幼儿园的时光

续表

目标代号	目标	幼儿行为表现/现状能力/基本能力	目前的处理方法	可用教学策略	可介入的教育环节
L2-7	能用2—3组词语组成的句子叙述活动	会用一个词简单地叙述出活动,如吃饭、洗手等	教师语言描述,云溪仿说	MS____ ES____ AS__√__ (1)运用沟通条,用"主语+动词+名词"等结构练习语句,如我拿饼干、我吃米饭、我坐滑梯等。 (2)当云溪在做某一个活动时,教师可以描述她的活动,增加她的词汇量,让她理解语言和活动的对应描述,同时仿说出来。	跨情境
SC2-1-4-5	能为一组实物(物体个数在3以内)一一对应配对,并说出一样多	会把实物一一摆放在桌面上,不能一个一个对应	教师做出对应范例,云溪模仿	MS____ ES____ AS__√__ 教师提前准备好物品(2包橡皮泥和2个橡皮模具、3张画纸和3支画笔),请云溪给橡皮泥和画纸找朋友并请云溪说出"橡皮泥和模具的个数一样多,画纸和画笔的个数一样多",当云溪能做到时,老师及时鼓励:"云溪能把物品进行配对了,很棒呀!"当云溪做不到时,老师及时给予提醒。	工作小组活动
A1-2-7	会画简单的形状(圆形、正方形、三角形)	云溪大致会画圆形,有时圆形的接口会对接不准,有时画得不圆。不会画正方形、三角形	教师动作辅助云溪进行点连线	MS____ ES____ AS__√__ (1)教师准备半成品的绘画作品(如房子等),请云溪根据作品的内容进行点线连接,当云溪能够按照提示进行连线时,教师及时鼓励:"云溪把房子盖好了。"当云溪做不到时,教师动作辅助。 (2)根据云溪画形状的能力进行适当的支持,如将线连到一起、将线画得长一些连贯一些,当云溪做不到时,教师辅助她的手,让她感受画形状时如何控笔。	工作小组活动

幼儿园的美好时光

续表

目标代号	目标	幼儿行为表现/现状能力/基本能力	目前的处理方法	可用教学策略	可介入的教育环节
CL5-2-7	餐后主动用纸巾擦嘴、漱口	云溪会在老师的提醒下擦嘴、漱口，但在漱口的过程中会被其他事物吸引	教师提示餐后流程图	MS____ ES____ AS__√__ 请云溪根据餐后流程图送餐具→漱口→擦嘴，进行餐后活动。前期老师语言提醒云溪看流程图认识里面的活动，并根据步骤一步一步去完成，后期自己记得餐后步骤。当云溪做到时，及时回应："云溪的嘴巴擦得真干净，牙齿漱得也很干净！"	餐后活动

表4-12 个别化融合教育计划（2019年5月）

个别化融合教育计划					
日期 <u>2019年5月</u>　幼儿姓名<u>王云溪</u>　教师姓名<u>刘冰　张艳芳　李海丽　司彩玲</u> 融合班级<u>中一班</u>					
（关键词：MS=融入式学习　　ES=嵌入式学习　　AS=添加式学习）					
目标代号	目标	幼儿行为表现/现状能力/基本能力	目前的处理方法	可用教学策略	可介入的教育环节
H1-5-1	能扣上按扣	有前三指抓握的能力，会将按扣进行按压，但子扣和母扣对不准，手眼协调的能力稍弱	教师动作辅助对齐并扣上	MS____ ES____ AS__√__ 教师在云溪穿上衣服后，教给云溪扣上按扣的方法，第一步右手三指按住右边第一个按扣；第二步左手三指捏住左边第一个按扣；第三步将按扣对齐；第四步按上按扣；第五步重复练习以上的动作，将其他四个按扣全部扣上。当云溪能够做到时，教师说："云溪扣上按扣啦，真暖和！"	衔接

第四章 幼儿园的时光

续表

目标代号	目标	幼儿行为表现/现状能力/基本能力	目前的处理方法	可用教学策略	可介入的教育环节
H6-18	双脚原地跳	能做屈膝蹲的准备动作，跳的时候单脚抬一下，双脚不能同时离地	此目标未进行练习	MS_____ ES_____ AS__√__ 设计游戏"小兔蹦蹦跳"，请小朋友们戴上兔头饰，教师（兔妈妈）示范动作：屈膝、跳。"兔宝宝们"在原地练习，当云溪不能做出跳的动作时，成人拉着她的手做屈膝蹲的准备动作，然后在她跳的时候双手提一下让她能有跳起来的动作。	户外活动
L2-5-1	会用问句："我可以吃/出去玩/拿吗？"	云溪在老师的提示下说出"我——想——吃——点心。"	教师语言示范	MS_____ ES_____ AS__√__ 餐点活动时，教师语言提示说出前两个字词，引导云溪仿说出："我可以吃吗？"户外活动时间，教师引导云溪仿说出："我可以出去玩吗？"衔接时间，教师引导云溪仿说出："我可以拿吗？"当云溪说出"我可以吃/出去玩/拿吗？"时给予回应："可以，请吃/玩/拿吧。"	跨情境
S2-9	想加入同伴的游戏时，能友好地提出请求	云溪会在旁边看，不知道如何加入别人的游戏	教师带领云溪加入游戏	MS_____ ES_____ AS__√__ 集体活动时选择云溪和同伴都喜欢的游戏，前期教师示范如何加入同伴的游戏，然后请云溪模仿加入，后期给予少量词汇提醒和动作提示，如拍拍自己表示我想和你一起玩。	集体活动

幼儿园的美好时光

续表

目标代号	目标	幼儿行为表现/现状能力/基本能力	目前的处理方法	可用教学策略	可介入的教育环节
SC2-2-5	认识数字1—3及对应的数量	猜测数字1、2、3，不能正确辨别	此目标未进行练习	MS＿＿＿ES＿＿＿AS＿√＿ 教师准备数字、动物图卡、相同数量的物品，引导云溪认识数字"1"像铅笔能写字，"2"像鸭子水上游，"3"像耳朵听声音，并在数字1、2和3下面放相应数量的物品来帮助理解对应的数量。当云溪能认识数字1、2和3也能在数字下面放相应数量的物品时，教师及时肯定："对，这是1/2/3个。"	工作小组活动
A2-1-3	能模仿学唱短小歌曲	会跟随着唱出其中的一两个词语，更愿意做动作而不愿意开口唱歌	教师一字一句地讲述歌曲的意思和发音	MS＿＿＿ES＿＿＿AS＿√＿ 在学唱短小儿歌时，提供简单易懂的歌曲图谱，让云溪和小朋友能够理解歌曲中唱的是什么，同时在唱的过程中观察云溪哪一句没有唱出来，分析是不会唱还是做动作忘记唱，及时进行支持。当看到云溪没有唱时语言提醒："跟着老师/小朋友一起唱哦！"当云溪不会唱时及时放慢速度再教一遍，当云溪跟着唱时教师给予鼓励："云溪，你唱得真好听！"	大组活动衔接

第四章 幼儿园的时光

表4-13 个别化融合教育计划（2019年6月）

个别化融合教育计划					
日期 <u>2019年6月</u>　幼儿姓名 <u>王云溪</u>　教师姓名　<u>刘冰　张艳芳　李海丽　司彩玲</u> 融合班级<u>中一班</u> （关键词：MS＝融入式学习　　ES＝嵌入式学习　　AS＝添加式学习）					
目标代号	目标	幼儿行为表现／现状能力／基本能力	目前的处理方法	可用教学策略	可介入的教育环节
H6-17	单脚踩高跷在平地上走	踩高跷时单脚会踩空，不能拉紧绳子	教师辅助她拉紧绳子踩着走	MS_____ ES_____ AS__√__ （1）在练习踩高跷时，成人或同伴示范把脚掌放在高跷的中间踩稳，当云溪没有踩稳时，成人或同伴及时辅助把脚掌放在中间让她感知，然后让她把绳子拉紧与脚掌贴合，抬起踩在高跷上的脚往前走以后，另一只脚也跟着走一步。 （2）前期可以由成人辅助着她走几步，让她知道怎么走后建立自信和安全感，后期再逐渐减少辅助。	早锻炼 户外活动
L2-5	会用"谁"发问	能复述教师用"谁"发问的问句	此目标未进行练习	MS_____ ES_____ AS__√__ 教师在询问幼儿物品时，让云溪拿着物品仿说教师的语言问："这是谁的书包／杯子／被子／衣服？"当云溪能用"谁"发问时，教师说："云溪，帮助别人很开心呢！"当云溪不问时，教师再找机会进行引导。	衔接 晚离园
S2-9	想加入同伴的游戏时，能友好地提出请求	云溪在引导下愿意说，自己有时会因不好意思或者害羞不愿主动说	教师提前预知加入同伴游戏的方法	MS_____ ES_____ AS__√__ 集体活动时教师提前预知加入同伴游戏的方法，在活动中根据情况进行少量的词汇提醒和动作提示，如拍拍自己表示"我想和你一起玩"，或者请同伴示范"我们一起玩××吧？"当云溪说出来时，请同伴过来拉手邀请云溪一起玩。	集体活动

幼儿园的美好时光

续表

目标代号	目标	幼儿行为表现/现状能力/基本能力	目前的处理方法	可用教学策略	可介入的教育环节
SC2-1-10-1	能按照范例ABC简单规律排序	云溪会按照自己的意愿进行排列	范例示范和语言提醒	MS＿＿＿ ES＿＿＿ AS＿√＿ 准备三种不同颜色同样大小的雪花片，按照红黄蓝等顺序摆出三组请云溪观察规律，然后请云溪进行摆放，当云溪摆放正确时，老师及时鼓励："云溪摆正确了，真棒！"当云溪摆放不正确时，请云溪仔细观察范例缺少什么再进行排序。	工作衔接
SC2-2-5	认识数字1—3及对应的数量	认识数字1及对应的数量	教师指出正确的数字并摆放出对应数量的物品	MS＿＿＿ ES＿＿＿ AS＿√＿ （1）教师准备数字、相同数量的物品，正确辨认数字1、2、3后，在数字1、2和3下面放相应数量的物品来做示范，当云溪能在数字下面放相应数量的物品时及时肯定："对，这是1/2/3个。" （2）在吃食物时，可以请她取1个香蕉、2块苹果、3颗葡萄等，不断从生活中理解数与数量的概念。	工作衔接 小组活动
CL2-4	学具操作完后在老师提示下放回原处	教师提示后能把学具放进柜子里，但不能放回原处	教师带领云溪放回原处	MS＿＿＿ ES＿＿＿ AS＿√＿ （1）记忆学具的位置，认识学具的外部特征以及名称，同时根据视觉提示的位置，进行图片与学具的对应。每次练习可以缩小范围，如一个区域柜里的5种学具的位置，熟练记忆后再增加其他区域柜的学具。 （2）养成物品归位的习惯，当云溪把物品放回原处时，教师或同伴及时给予鼓励："云溪把学具放回原处了，真整齐！"	工作

8. 添加式学习曲线图（如图 4-40 至图 4-57 所示）

根据幼儿学习目标的实现方式选择"嵌入式"或"添加式"，形成了"嵌入式学习曲线图"和"添加式学习曲线图"。云溪基本的学习方式为"添加式"。

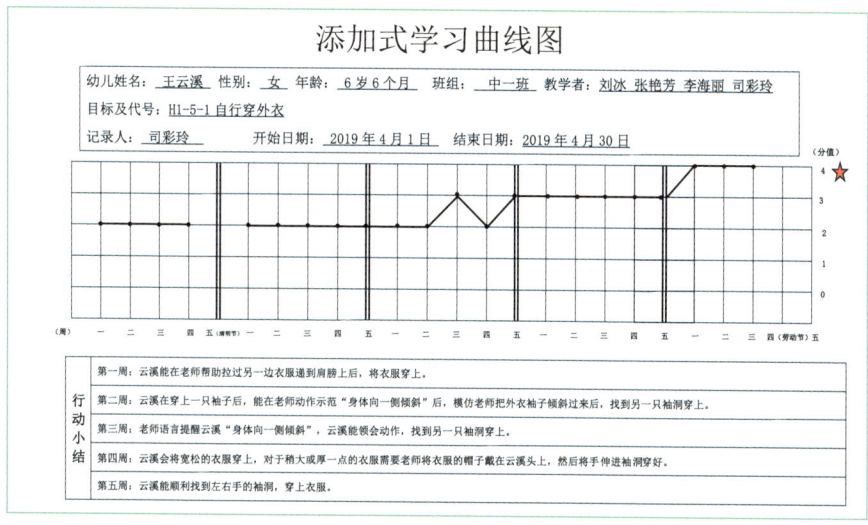

图 4-40　自行穿外衣（4月）

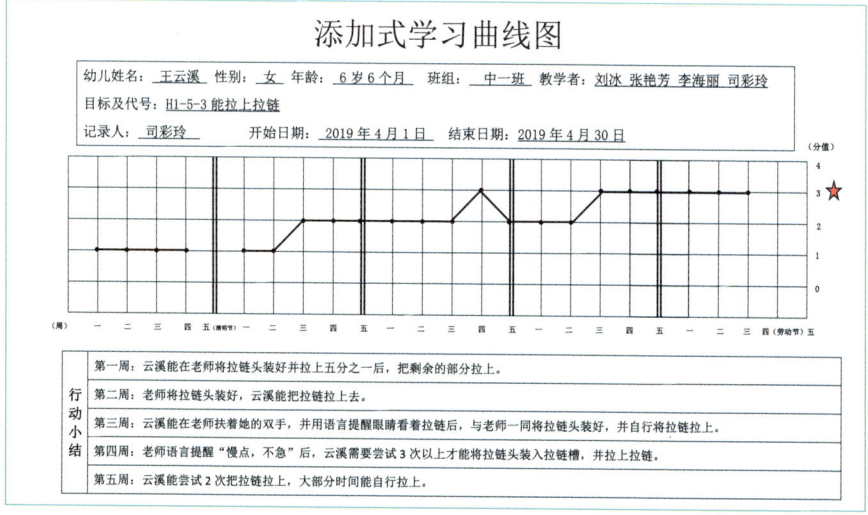

图 4-41　能拉上拉链（4月）

幼儿园的美好时光

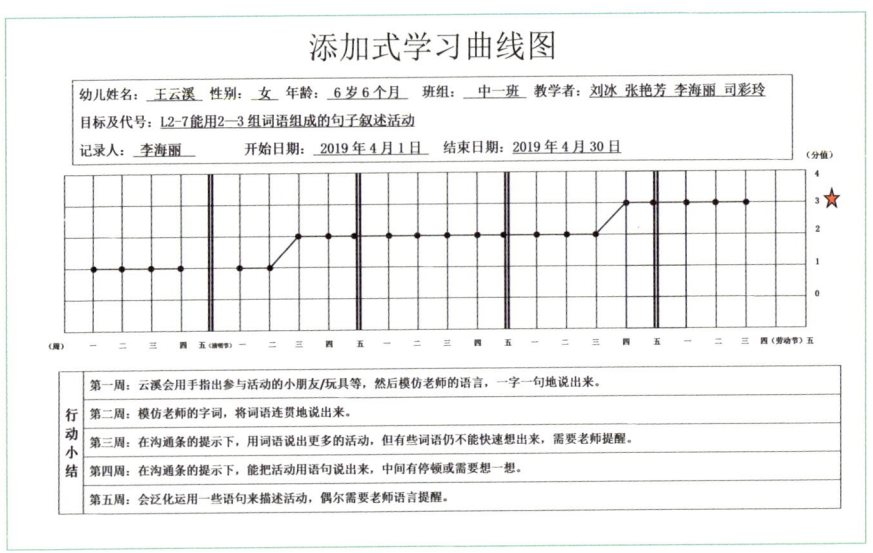

图 4-42　能用2—3组词语组成的句子叙述活动（4月）

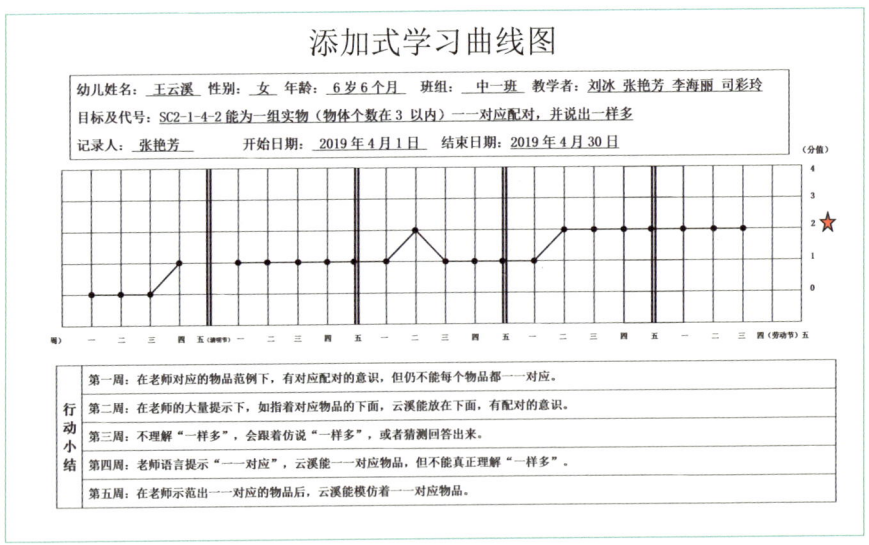

图 4-43　能为一组实物（物体个数在3以内）一一对应配对，并说出一样多（4月）

第四章 幼儿园的时光

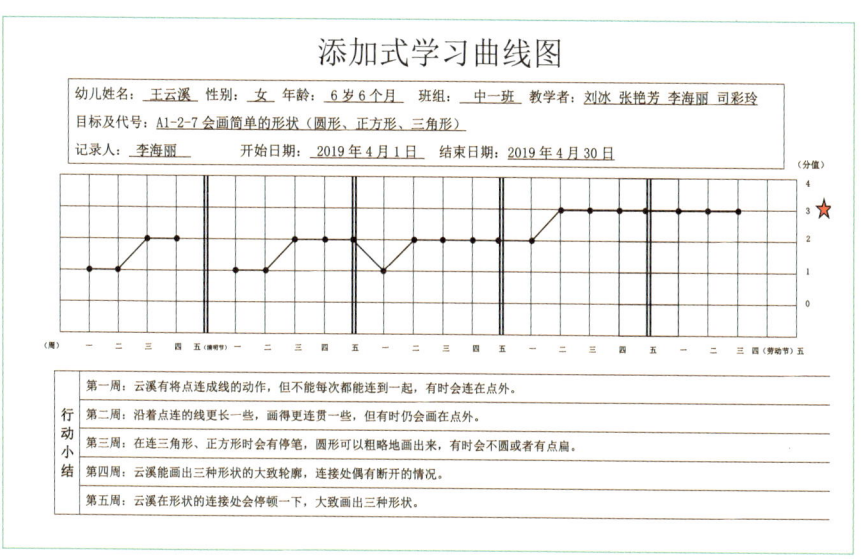

图 4-44 会画简单的形状（圆形、正方形、三角形）（4月）

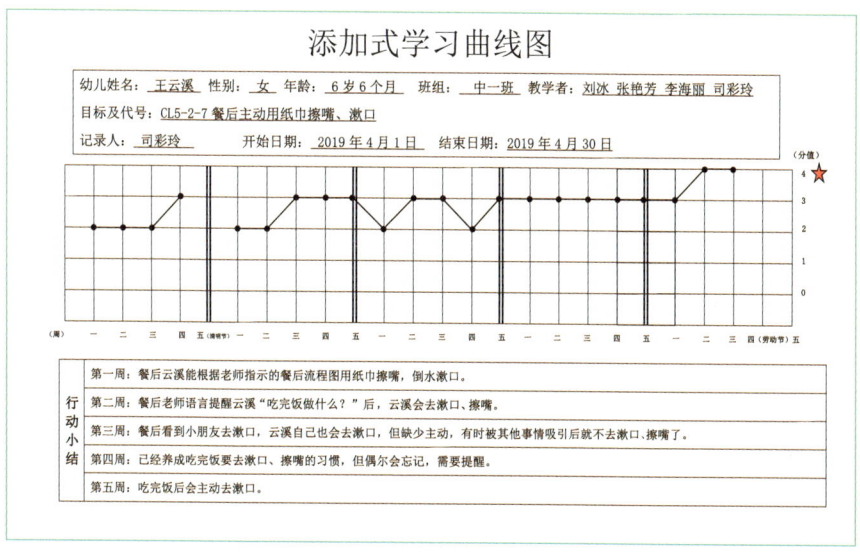

图 4-45 餐后主动用纸巾擦嘴、漱口（4月）

幼儿园的美好时光

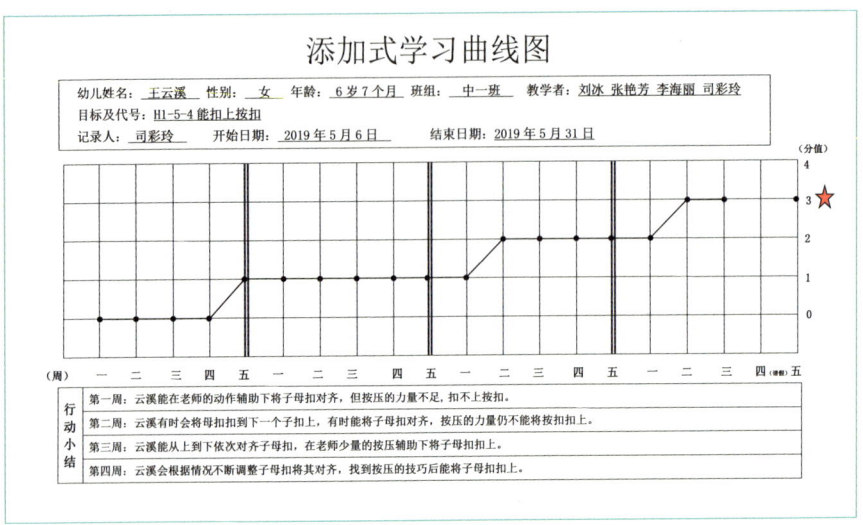

图 4-46　能扣上按扣（5月）

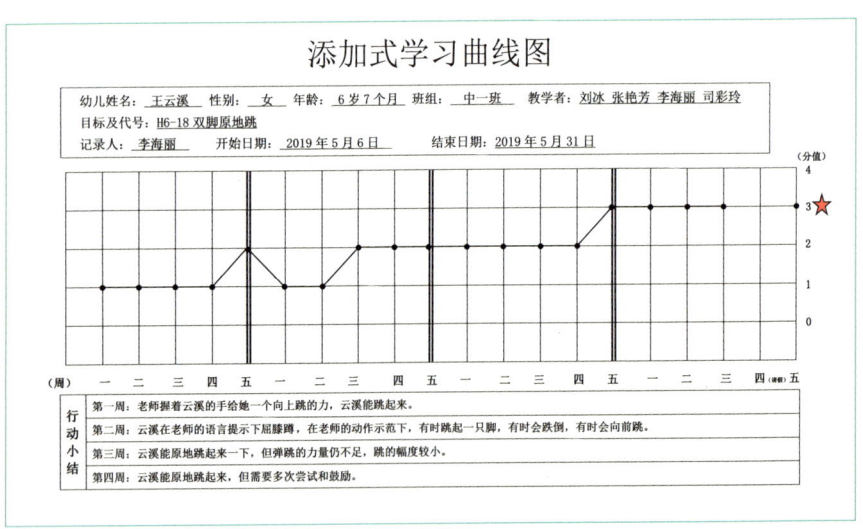

图 4-47　双脚原地跳（5月）

第四章 幼儿园的时光

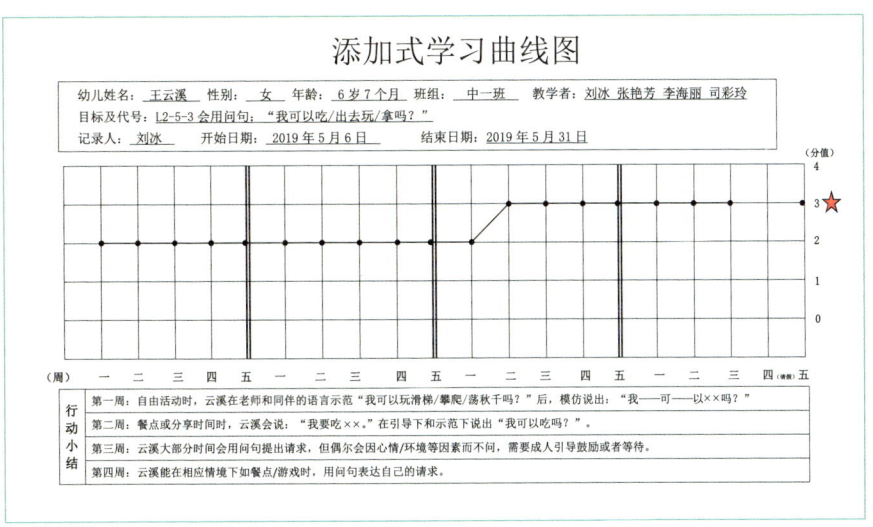

图 4-48 会用问句："我可以吃/出去玩/拿吗？"（5月）

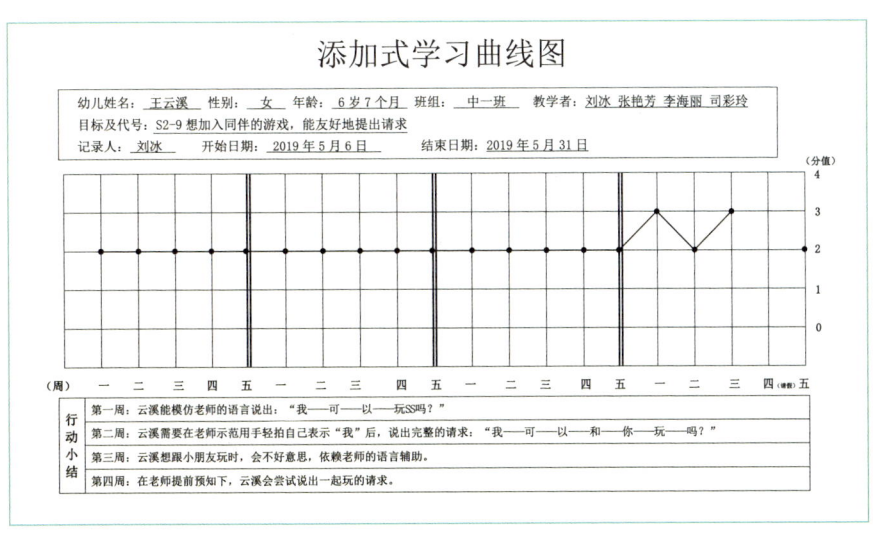

图 4-49 想加入同伴的游戏，能友好地提出请求（5月）

幼儿园的美好时光

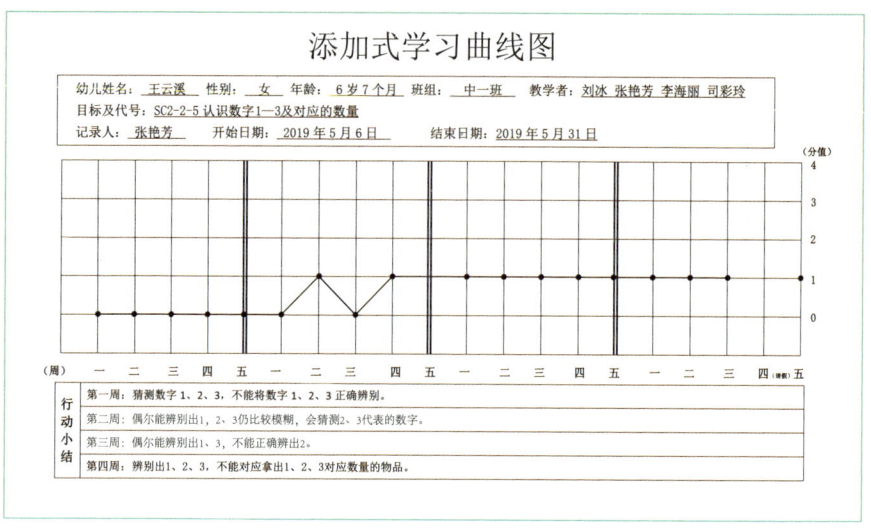

图 4-50　认识数字 1—3 及对应的数量（5 月）

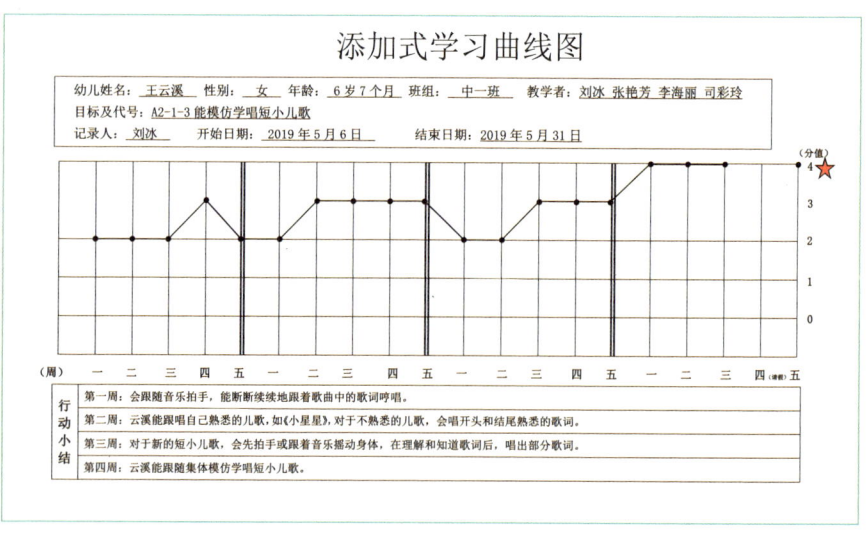

图 4-51　能模仿学唱短小儿歌（5 月）

第四章 幼儿园的时光

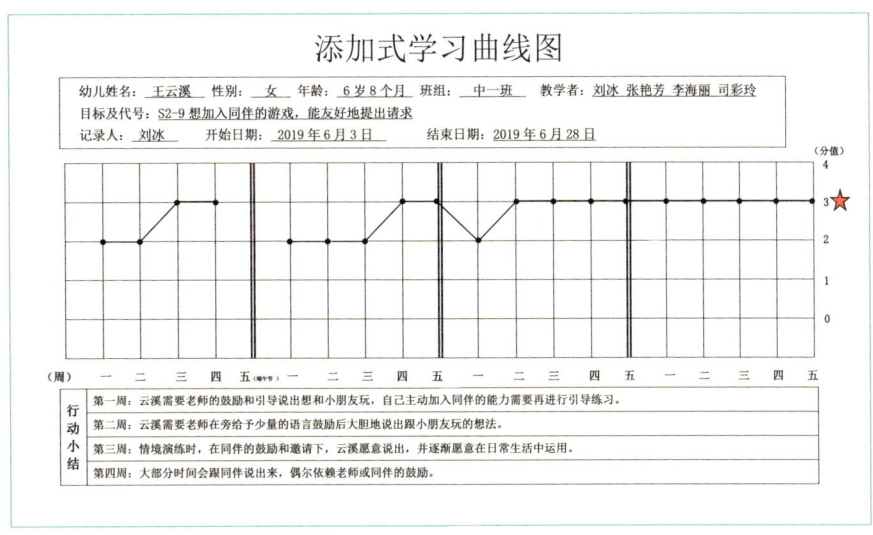

图 4-52 想加入同伴的游戏，能友好地提出请求（6月）

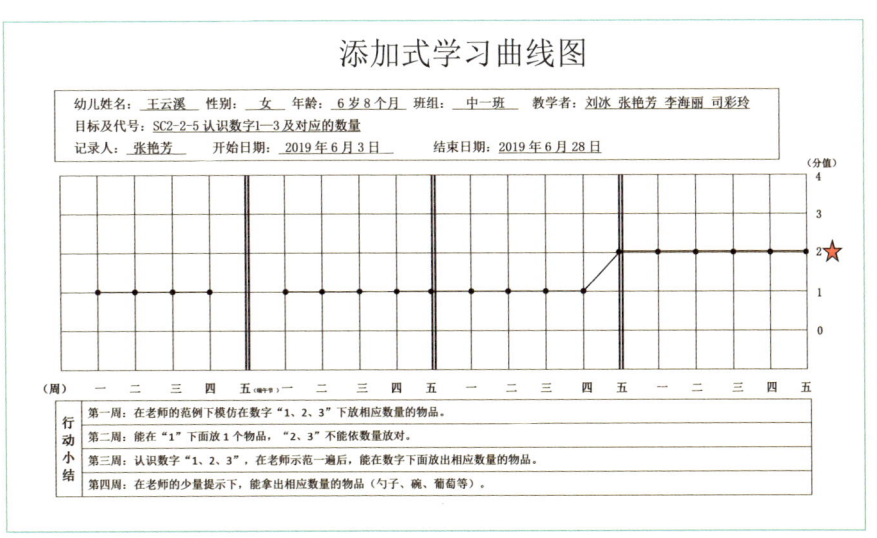

图 4-53 认识数字 1—3 及对应的数量（6月）

幼儿园的美好时光

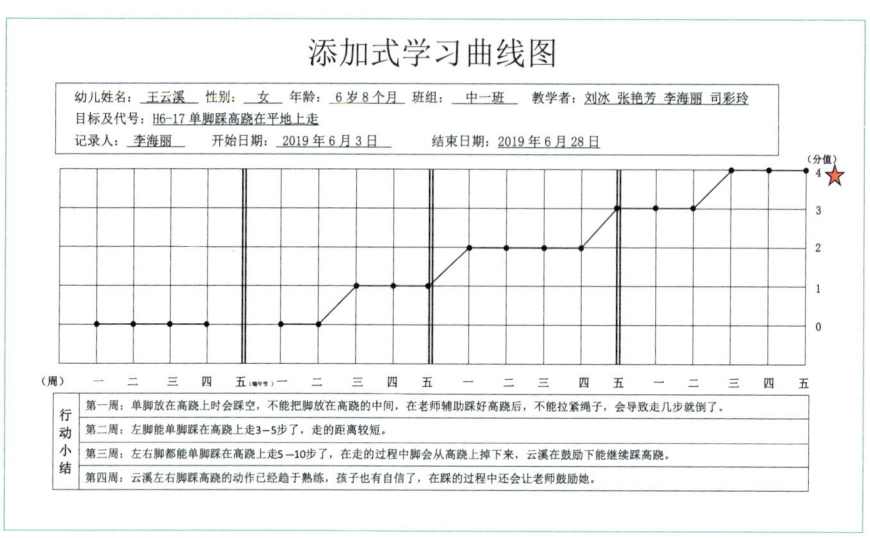

图 4-54 单脚踩高跷在平地上走（6月）

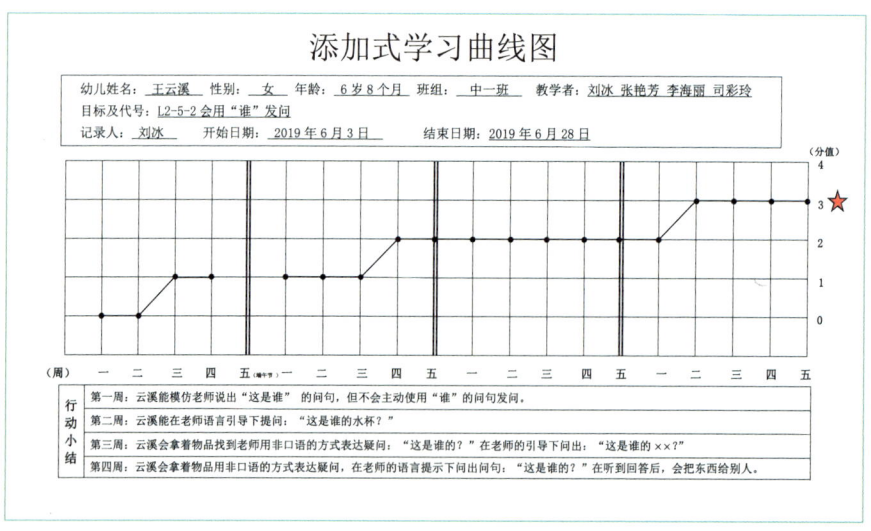

图 4-55 会用"谁"发问（6月）

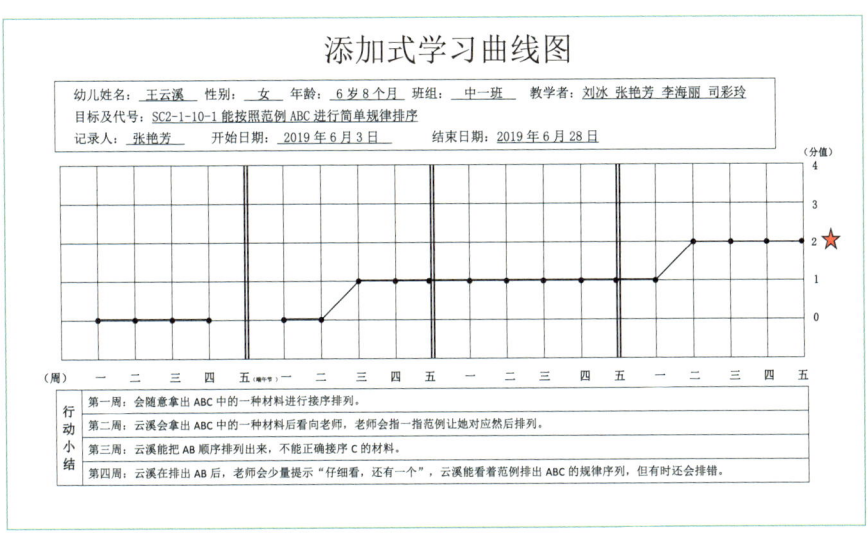

图 4-56 能按照范例 ABC 进行简单规律排序（6 月）

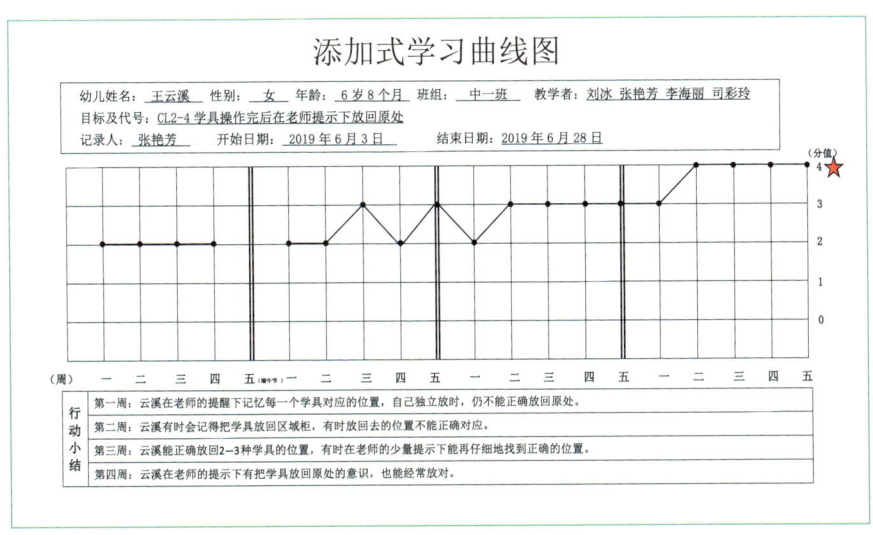

图 4-57 学具操作完后在老师提示下放回原处（6 月）

113

9. 周评鉴工作表（如表 4-14 至表 4-19 所示）

表 4-14　周评鉴工作表

周评鉴工作表				
日　　　期：2019 年 4 月 1 日—2019 年 4 月 12 日　　　所在班组：中一班 教师姓名：刘冰　张艳芳　李海丽　司彩玲　　　　　　幼儿姓名：王云溪				
目标 代号	目标 行为	情况分析	周评鉴资料	策略调整
H1-5-1	自行穿外衣	云溪在穿上一只袖子后，能在老师动作示范"身体向一侧倾斜"后，模仿老师把外衣袖子倾斜过来找到另一只袖洞穿上。	次数：18 文字记录：√ 作品：＿ 图表记录：√	计划可行吗 （☑是 □否） 如何调整：
H1-5-3	能拉上拉链	老师将拉链头装好，云溪能把拉链拉上去。	次数：18 文字记录：√ 作品：＿ 图表记录：√	计划可行吗 （☑是 □否） 如何调整：
L2-7	能用 2—3 组词语组成的句子叙述活动	模仿老师的字词，将词语连贯地说出来。	次数：22 文字记录：√ 作品：＿ 图表记录：√	计划可行吗 （☑是 □否） 如何调整：
SC2-1-4-5	能为一组实物（物体个数在 3 以内）一一对应配对，并说出一样多	在老师的大量提示下，如指着对应物品的下面，云溪能放在下面，有配对的意识。	次数：9 文字记录：√ 作品：＿ 图表记录：√	计划可行吗 （☑是 □否） 如何调整：
A1-2-7	会画简单的形状（圆形、正方形、三角形）	沿着点连的线更长一些，画得更连贯一些，但有时仍会画在点外。	次数：9 文字记录：√ 作品：√ 图表记录：√	计划可行吗 （☑是 □否） 如何调整：
CL5-2-7	餐后主动用纸巾擦嘴、漱口	餐后老师语言提醒云溪"吃完饭做什么？"后，云溪会去漱口、擦嘴。	次数：27 文字记录：√ 作品：＿ 图表记录：√	计划可行吗 （☑是 □否） 如何调整：

表 4-15 周评鉴工作表

周评鉴工作表				
日　　期：2019年4月15日—2019年4月30日　　所在班组：中一班				
教师姓名：刘冰　张艳芳　李海丽　司彩玲　　幼儿姓名：王云溪				
目标代号	目标行为	情况分析	周评鉴资料	策略调整
H1-5-1	自行穿外衣	云溪能顺利找到左右手的袖洞，穿上衣服。	次数：26 文字记录：√ 作品：＿ 图表记录：√	计划可行吗（□是 ☑否） 如何调整：学习新的穿衣方法，把衣服外面对着身体，两只手拿着领子，甩过头顶挂在肩膀上，然后两只手伸进两个袖洞。
H1-5-3	能拉上拉链	云溪能尝试2—3次把拉链拉上，大部分时间能自行拉上。	次数：26 文字记录：√ 作品：＿ 图表记录：√	计划可行吗（☑是 □否） 如何调整：
L2-7	能用2—3组词语组成的句子叙述活动	会泛化运用一些语句来描述活动，偶尔需要老师语言提醒。	次数：18 文字记录：√ 作品：＿ 图表记录：√	计划可行吗（☑是 □否） 如何调整：
SC2-1-4-5	能为一组实物（物体个数在3以内）一一对应配对，并说出一样多	在老师示范出一一对应的物品后，云溪能模仿着一一对应物品。	次数：13 文字记录：√ 作品：＿ 图表记录：√	计划可行吗（☑是 □否） 如何调整：
A1-2-7	会画简单的形状（圆形、正方形、三角形）	云溪在形状的连接处停顿一下，也能大致画出三种形状。	次数：15 文字记录：√ 作品：√ 图表记录：√	计划可行吗（☑是 □否） 如何调整：
CL5-2-7	餐后主动用纸巾擦嘴、漱口	吃完饭后会主动去漱口。	次数：39 文字记录：√ 作品：＿ 图表记录：√	计划可行吗（☑是 □否） 如何调整：

表 4-16　周评鉴工作表

周评鉴工作表			
日　　　期：2019年5月6日—2019年5月17日　　　所在班组：中一班			
教师姓名：刘冰　张艳芳　李海丽　司彩玲　　　幼儿姓名：王云溪			
目标代号	目标行为	情况分析	周评鉴资料	策略调整
H1-5-1	自行穿外衣	云溪有时会将母扣扣到下一个子扣上，有时能将子母扣对齐，按压的力量仍不能将按扣扣上。	次数：20 文字记录：√ 作品：__ 图表记录：√	计划可行吗 （☑是 □否） 如何调整：
H1-5-3	能拉上拉链	云溪在老师的语言提示下屈膝蹲，在老师的动作示范下，有时跳起一只脚，有时会跌倒，有时会向前跳。	次数：20 文字记录：√ 作品：__ 图表记录：√	计划可行吗 （☑是 □否） 如何调整：
L2-7	能用2—3组词语组成的句子叙述活动	餐点或分享时间时，云溪会说："我要吃××。"在引导下和示范下说出："我可以吃吗？"	次数：20 文字记录：√ 作品：__ 图表记录：√	计划可行吗 （☑是 □否） 如何调整：
SC2-1-4-5	能为一组实物（物体个数在3以内）一一对应配对，并说出一样多	云溪需要在老师示范用手轻拍自己表示"我"后，说出完整的请求"我——可——以——和——你——玩吗？"	次数：15 文字记录：√ 作品：__ 图表记录：√	计划可行吗 （☑是 □否） 如何调整：
A1-2-7	会画简单的形状（圆形、正方形、三角形）	偶尔能辨别出"1"，"2、3"仍比较模糊，会猜测"2、3"代表的数字。	次数：14 文字记录：√ 作品：__ 图表记录：√	计划可行吗 （☑是 □否） 如何调整：
CL5-2-7	餐后主动用纸巾擦嘴、漱口	云溪能跟唱自己熟悉的儿歌，如《小星星》，对于不熟悉的儿歌，会唱开头和结尾熟悉的歌词。	次数：20 文字记录：√ 作品：__ 图表记录：√	计划可行吗 （☑是 □否） 如何调整：

表 4-17　周评鉴工作表

周评鉴工作表			
日　　　期：2019年5月20日—2019年5月31日　　所在班组：中一班 教师姓名：刘冰　张艳芳　李海丽　司彩玲　　幼儿姓名：王云溪			
目标 代号	目标行为	情况分析	周评鉴资料	策略调整
H1-5-1	能扣上按扣	云溪会根据情况不断调整子母扣将其对齐，找到按压的技巧后能将子母扣扣上。	次数：<u>18</u> 文字记录：<u>√</u> 作品：___ 图表记录：<u>√</u>	计划可行吗 （☑是 □否） 如何调整：
H6-18	双脚原地跳	云溪能原地跳起来，但需要多次尝试和鼓励。	次数：<u>18</u> 文字记录：<u>√</u> 作品：___ 图表记录：<u>√</u>	计划可行吗 （☑是 □否） 如何调整：
L2-5-1	会用问句："我可以吃/出去玩/拿吗？"	云溪能在相应情境下如餐点/游戏时，用问句表达自己的请求。	次数：<u>18</u> 文字记录：<u>√</u> 作品：___ 图表记录：<u>√</u>	计划可行吗 （☑是 □否） 如何调整：
S2-9	想加入同伴的游戏，能友好地提出请求	在老师提前预知下，云溪会尝试说出一起玩的请求。	次数：<u>12</u> 文字记录：<u>√</u> 作品：___ 图表记录：<u>√</u>	计划可行吗 （☑是 □否） 如何调整：
SC2-2-5	认识数字1—3及对应的数量	辨别出"1、2、3"，不能拿出"1、2、3"对应的数量。	次数：<u>9</u> 文字记录：<u>√</u> 作品：___ 图表记录：<u>√</u>	计划可行吗 （☑是 □否） 如何调整：
A2-1-3	能模仿学唱短小儿歌	云溪能跟随集体模仿学唱短小儿歌。	次数：<u>18</u> 文字记录：<u>√</u> 作品：___ 图表记录：<u>√</u>	计划可行吗 （☑是 □否） 如何调整：

表 4-18　周评鉴工作表

周评鉴工作表			
日　　期：2019年6月3日—2019年6月14日　　所在班组：中一班			
教师姓名：刘冰　张艳芳　李海丽　司彩玲　　幼儿姓名：王云溪			
目标代号	目标行为	情况分析	周评鉴资料	策略调整
H6-17	单脚踩高跷在平地上走	左脚能单脚踩在高跷上走3—5步了，走的距离较短。	次数：<u>9</u> 文字记录：<u>√</u> 作品：___ 图表记录：<u>√</u>	计划可行吗 （☑是 □否） 如何调整：
L2-5	会用"谁"发问	云溪能在老师语言引导下提问："这是谁的？"	次数：<u>18</u> 文字记录：<u>√</u> 作品：___ 图表记录：<u>√</u>	计划可行吗 （☑是 □否） 如何调整：
S2-9	想加入同伴的游戏，能友好地提出请求	云溪能在相应情境下如餐点/游戏时，用问句表达自己的请求。	次数：<u>18</u> 文字记录：<u>√</u> 作品：___ 图表记录：<u>√</u>	计划可行吗 （☑是 □否） 如何调整：
SC2-1-10-1	能按照范例ABC简单规律排序	云溪会拿出ABC中的一种材料后看向老师，老师会指一指范例让她对应然后排列。	次数：<u>9</u> 文字记录：<u>√</u> 作品：___ 图表记录：<u>√</u>	计划可行吗 （☑是 □否） 如何调整：
SC2-2-5	认识数字1—3及对应的数量	辨别出"1、2、3"，不能对应拿出"1、2、3"对应的数量。	次数：<u>9</u> 文字记录：<u>√</u> 作品：___ 图表记录：<u>√</u>	计划可行吗 （☑是 □否） 如何调整：
CL2-4	学具操作完后在老师提示下放回原处	云溪有时会记得把学具放回区域柜，有时放回去的位置不能正确对应。	次数：<u>9</u> 文字记录：<u>√</u> 作品：___ 图表记录：<u>√</u>	计划可行吗 （☑是 □否） 如何调整：

表 4-19 周评鉴工作表

周评鉴工作表			
日　　　期：2019年6月17日—2019年6月28日　　　所在班组：中一班 教师姓名：刘冰　张艳芳　李海丽　司彩玲　　　幼儿姓名：王云溪			
目标代号	目标行为	情况分析	周评鉴资料	策略调整
H6-17	单脚踩高跷在平地上走	云溪左右脚踩高跷的动作已经趋于熟练，孩子也有自信了，在过程中还会让老师鼓励她。	次数：10 文字记录：✓ 作品：__ 图表记录：✓	计划可行吗 （☑是 □否） 如何调整：
L2-5	会用"谁"发问	云溪会拿着物品用非口语的方式表达疑问，在老师的语言提示下问出问句："这是谁的？"在听到回答后，会把东西给别人。	次数：20 文字记录：✓ 作品：__ 图表记录：✓	计划可行吗 （☑是 □否） 如何调整：
S2-9	想加入同伴的游戏时，能友好地提出请求	大部分时间会跟同伴说出来，偶尔依赖老师或同伴的鼓励。	次数：10 文字记录：✓ 作品：__ 图表记录：✓	计划可行吗 （☑是 □否） 如何调整：
SC2-1-10-1	能按照范例ABC简单规律排序	云溪在排出AB后，老师会少量提示"仔细看，还有一个"，云溪能看着范例排出ABC的规律序列，但有时还会排错。	次数：10 文字记录：✓ 作品：__ 图表记录：✓	计划可行吗 （☑是 □否） 如何调整：
SC2-2-5	认识数字1—3及对应的数量	在老师的少量提示下，能拿出相应数量的物品（勺子、碗、葡萄等）。	次数：10 文字记录：✓ 作品：__ 图表记录：✓	计划可行吗 （☑是 □否） 如何调整：
CL2-4	学具操作完后在老师提示下放回原处	云溪在老师的提示下有把学具放回原处的意识，也能经常放对。	次数：10 文字记录：✓ 作品：__ 图表记录：✓	计划可行吗 （☑是 □否） 如何调整：

10. IEP 执行绩效评量（如表 4-20 所示）

表 4-20　IEP 执行绩效评量

IEP 执行绩效评量								
幼儿姓名：<u>王云溪</u>　　　　起止日期：<u>2019 年 4 月 1 日至 2019 年 6 月 30 日</u>								
融合班组：<u>中一班</u>　　　　班组教师：<u>刘冰　张艳芳　李海丽　司彩玲</u>								
评量向度	领　域						领域总和
	健康	语言	社会	科学	艺术	一日生活常规	
一、目标执行率							
A 执行目标数量	5	3	1	3	2	2	14
B 制定目标总数	5	3	1	3	2	2	14
执行率 =A÷B×100%	100%	100%	100%	100%	100%	100%	100%
二、半年目标达标率（1 个目标计 1 分，超额完成加 1 分。C=1 分 × 完成目标数量，D=1 分 ×B）							
C 执行目标（期末表现）总分	17	10	3	6	7	8	51
D 执行目标（预期表现）总分	17	9	3	6	7	8	50
半年达标率 = C÷D×100%	100%	111%	100%	100%	100%	100%	102%
评　语	本学期云溪目标均已按照预期完成，希望下学期能在日常生活中多运用语言进行表达，加油！ 　　　　　　　评量人：<u>朱秀花</u>　评量时间：<u>2019 年 7 月</u>						

（三）丰富多彩的生活

每次出门，总是有人习惯性地拉着我的手（如图 4-58 所示），我也好喜欢手拉手的感觉。我们要去操场上玩球了，你滚给我，我滚给他，他滚给你……比那些大人们在球场上抢一个球打架友爱得多！

图 4-58　手拉手一起走

我也不晓得那天是怎么想的，就这么会自己倒水喝了（如图 4-59 所示）。海丽老师好开心，又是拍照，又是叫其他老师来看，然后拿着手机出去"炫耀"了。听听老师用的词，我虽然不懂，但我能感觉到我会倒水了这件事对老师来说，应该是天大的好事！

幼儿园的美好时光

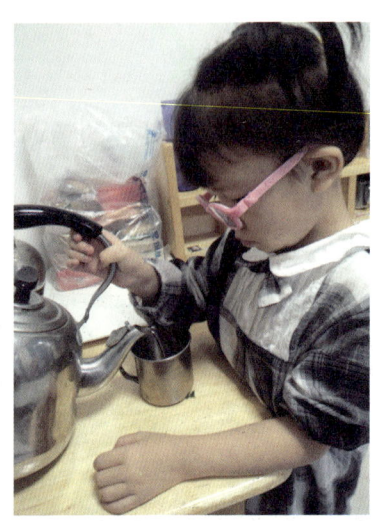

图 4-59　我会自己倒水喝了

　　我的好朋友们，我们每天都有"说"不完的话。一个眼神，一个手势彼此都能明白，"配合相当默契！"，老师这么说的（如图 4-60 所示）。是什么意思呢？大概是我们长大了还是要分开的。长大了的事，长大再想吧，现在我们好好做朋友吧。

图 4-60　我和好朋友们的默契

云溪的高楼建得很高吧（如图 4-61 所示）？一楼住着大老虎，二楼住着长颈鹿，三楼住着小白兔……最上面就我自己住吧，每天早上，我一层一层地叫醒它们跟我一块出去玩，晚上，我再把它们一个一个送回去，然后，大声地唱着歌，哄它们睡觉。

哈，就这么愉快地过日子吧！

图 4-61　搭高楼

小火车，

长又长，

轰隆轰隆响响响。

跑北方，

跑南方，

载客运输棒棒棒！

我们的小火车载着"小猪佩奇们"在忙碌地跑着（如图 4-62 所示）。米果报着站，"小猪佩奇们"一会上一会下，真热闹！

幼儿园的美好时光

图 4-62　我和米果玩汽车

恒恒看过很多绘本，会讲很多故事，有时，他妈妈来接他前他都会陪我看绘本，给我讲里面的故事（如图 4-63 所示）。嘿，我偷偷地给你说，他的妈妈是个老外呢，经常来幼儿园带大家做饼干，饼干超好吃！

图 4-63　恒恒陪我看绘本

今天可以做红烧鱼了！我做的这条鱼够大吧？拿起小剪刀，我跟着老师一点一点地把图案剪下来,又用双面胶一点一点地粘好(如图4-64所示)。大鱼做好了,可以拿去红烧了!

图4-64 我来做条红烧鱼

独自完成几何体阶梯排序,我练了好长时间。形状虽说分不清,但我能根据它们的长相对应填进去。让我自己随便放,我会很快放好,一旦听指令,颜色形状什么的很快把我弄糊涂了。我要好好学习,我要加油啦!(如图4-65所示)

图 4-65 我要好好学习

我画的是一朵云，拍照时忘放到前面"炫耀"了。这是幼儿园为我们定做的装东西的包包，老师画上我们自己想要的图案，然后由我们自己涂色完成的，真好看！（如图 4-66 所示）

图 4-66 这些背包的颜色都是我们自己涂的哦

我们有新园了！新园空荡荡的，什么也没有。后来，有人给我们送来了好多树苗。有苹果树,有梨树,有桃树,有樱桃树……老师和我一起种下了一棵核桃树(如图 4-67 所示)。

图 4-67　老师和我一起种核桃树

又是一年冬至到。去年说是和老师一块包饺子,有很多人做到了,我其实应该属于越帮越忙的那个。今年,我真的做到了,皮虽然擀得不圆,但还能用(如图 4-68 所示)!

图 4-68　我会擀饺子皮了

每天，我都会很认真地挑选工作图卡贴到我的"计划布条"上，然后就可以玩我想玩的了。（如图4-69所示）

图4-69　自主工作

要做室内运动啦，我们都是老师的小帮手。扣地垫可是个技术活，你要一个个对准扣齐，还不能有偏差，有一个没扣好，后面都扣不上了。我会，我能扣得很好哦！（如图4-70所示）

图4-70　我们都是老师的小帮手

看，大嘴爸爸！川川说他也是大嘴爸爸，可我觉得他没有我做得好，他的嘴都没有张开，他是个弯嘴爸爸，我才是大嘴爸爸！你看我和书上的大嘴爸爸有多像！（如图4-71所示）

图4-71　看，大嘴爸爸

大人们练走路的健身器材，我们小朋友可以荡秋千！微风里，阳光下，我们坐在"脚丫"上，荡啊，荡啊……真是太舒服了！（如图4-72所示）

图4-72　荡秋千啦

做绕障碍练习，我还是需要小朋友陪着，如果是我自己，我也不晓得为什么走着走着我就搞错了。唉，什么时候我自己能走好呢？（如图4-73所示）

游戏结束了，我收拾好地标，和小朋友们回教室啦！（如图4-74所示）

图4-73 做绕障碍练习　　图4-74 收拾整理器械

当我学会用橡皮泥做花后，我就做了两朵花，粘到了色卡纸上，送给了我亲爱的妈妈。妈妈收到花好开心，妈妈开心，我也开心呢！（如图4-75、4-76所示）

图 4-75 母亲节的礼物

图 4-76 母亲节快乐

开心老师说她要带我体验新科技。这不，我们去超市了。选好商品后，开心老师没带我去人工收款通道，而是来到了这个机器前（如图 4-77 所示）。老师教我把东西一样一样地放到扫码区，最后结账走人。哈哈，真方便！

图 4-77 体验新科技

幼儿园的美好时光

有一段时间，放学后，爸爸或是妈妈总是和几个老师关到一个教室里嘀嘀咕咕的。我和爽爽才不管他们大人的事，我们最开心的就是钻到教室里的桌子下面等他们结束了来找我们（如图4-78所示）。大人们很"笨"，总是费了老鼻子劲才找到我们！

图4-78　你知道我们在哪里吗

杨美凌老师每次从台湾来，都会给我带好吃的、好玩的（如图4-79所示）。她就跟我幼儿园的老师一样，我也爱她，像爱我的老师一样。

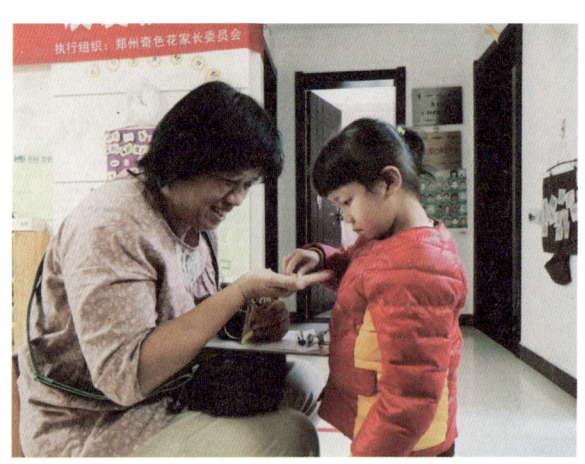

图4-79　我的台湾朋友

这堆野草很乱吧？你去看看我们的作品，那花插得真叫个"艺

术"。对,就是"艺术"!其实,你单单看笠笠插的那瓶,是不是很有感觉?我们都是小小艺术家!(如图 4-80 所示)

图 4-80　我们都是小小艺术家!

(四)我的作品(如图 4-81 到图 4-89 所示)

图 4-81　漂亮的老师教我们插花,真有艺术感!

幼儿园的美好时光

图 4-82　老师教我的笔画魔法 1

图 4-83　老师教我的笔画魔法 2

第四章 幼儿园的时光

图 4-84 我想象中的海底世界

图 4-85 我的裙子最好看

135

幼儿园的美好时光

图 4-86 我用瓶盖画的花儿

图 4-87 老师让我画树,我怎么画成冰糕了,还是巧克力味儿的

第四章　幼儿园的时光

图 4-88　我用瓶盖画的树

图 4-89　秋天的树

三 成长自信的我（大班）

（一）我的故事

1. 我是"明星"

我上大班了呢，又认识了新的老师和新的小朋友。为了让我们班里的每个小朋友都能互相了解，老师为我们开展了"'明星'时刻"活动，看，这是我的"明星"时刻！

李艺珵：我喜欢云溪，她看书很认真。

冀新尧：云溪上厕所的时候会告诉老师。

王则熠：云溪会和我们一起演奏乐器。

侯盛铭：我想和云溪一起玩雪。

宋雨墨：我喜欢云溪吃饭的时候不挑食。

刘宜恩：云溪会主动选区域，还很听老师的话。

陈奕实：我喜欢云溪，她会举手回答问题。

张晨曦：我喜欢云溪上厕所的时候会关门。

孙福雨：云溪很漂亮，会说很多话。

王亭皓：我喜欢云溪会认真地叠被子，吃饭也很多。

张歆艺：云溪骑小车的速度很快。

黄梦淇：云溪可以很快找到自己的座位，而且她玩攀爬架爬得很高。

邱鑫淼：我喜欢云溪坐椅子很端正。

孙福泽：我喜欢云溪和我一起扮鬼脸。

刘　恬：云溪爱笑，自己愿意做的事情很专注。

李依然：云溪笑起来很好看，做事情也很认真。

王语棋：我受伤的时候云溪会帮我揉一揉。

芦奕铭：我喜欢云溪会自己穿衣服。

陈懋祯：云溪会玩滑梯。

刘奕恬：云溪睡觉时很安静。

陈佳曦：我喜欢云溪会自己穿袜子、穿衣服、穿鞋，她还会照顾我。

皮　诺：我喜欢云溪上课时很安静。

张翎羽：云溪笑起来很好看。

林坤芃：云溪可以安静地坐在椅子上。

贾涵硕：我喜欢云溪会分享玩具。

张诗语：帮我（云溪会帮助我）。

我是班里的第二个"明星"小朋友，虽然有点小害羞，但，我还是很开心的！

2. 我又长大一岁了

小朋友们在室外可喜欢踩高跷了，看得我手脚痒痒。老师和小朋友们都鼓励我，叫我试试，说我一定行。贝贝跟我说，用脚丫子踩着小木墩，随手拉起线绳，同时抬手抬脚，跟走路一样就好了。其实小班时我就开始练习踩高跷，可我一直只会单脚踩着走。踩高跷真的没有贝贝说的那么容易，我练了好长时间。大班后，我用了整整半个月时间，两只小脚丫才能稳稳地站到两个小木墩上。开始，有时是老师，有时是小朋友扶着我，慢慢站上去。后来，我就把小高跷拎到墙边，手扶着墙，自己踩上去。踩好一只脚，抬另一只时，用力不好，"扑通"趴到前面地上，要不就是没抬起来，"咚"一声坐到地上，摔个屁股墩。慢慢地，我能站上去了。在贝贝无数次地说"走呀，拉紧绳走呀！"的催促下，我拉起了一只脚，"咚"，又是摔一个屁股墩！接着，也不知是贝贝想的还是我想的，我俩手牵手，一人踩个小木墩走来走去的，有时贝贝牵着我的左手，有时贝贝牵着我的右手，就这么玩着。大约十五天后（老师说的），老师说："云溪，你双脚踩上去，慢慢地走，我在一边保护你。"我听老师的话，试着双脚踩上高跷走了起来，老师的手一直拉着我的衣领，我放心地迈开了腿。每次要倒下去时，老师总是及时地拉住了我。走着走着，七八天后（老师说的），正踩着高跷走着的我，看到老师和贝贝在一边拍手呢！一分心，"扑通"，掉下来了……老师说她好一会都没跟着我呢，她还说，云溪已经走得很好了，加油呀！

我练习踩高跷，老师都有在小本本上画。有一天老师还用这给我们出了个脑筋急转弯题。她说，云溪练习踩高跷，用了半个月练站立，又用了十五天练单脚走，最后用七八天练双脚走，这三段练习时间一样长吗？老师给我们讲了答案，有的小朋友清楚，有的小朋友不清楚，当然，我也搞不清楚。

每天在生活区都会有不同的活动。一次老师带着我们择青菜，一边择一边给大家讲吃青菜的好处。老师还问我谁最爱吃青菜，我说是小白兔。"那谁又不爱吃青菜呢？"我小声说："我。"老师笑了："云溪，我们已经是大班小朋友了，又长大一岁了，才不能挑食呢！什么食物都吃点，身体好！今天中午是我们自己择的菜，要多吃点哈。"午餐时，我把老师给我盛的青菜全吃完了！其实，择青菜也不太容易呢。记得我刚刚学择菜时，管它黄叶还是绿叶，都让我给扯下来扔到盆里了，好好的菜心扯不动，都让我给扔到垃圾桶里了。老师告诉我要一片一片地拽下来，黄色的老了，要扔掉，绿油油的放到盆子里，剥得剩点菜心也留着。

3."毕业生回家"

"毕业生回家"（幼儿园活动）时，学长泡泡分享了他在海边的故事。他说假期里，他妈妈带他到辽宁省葫芦岛市的东戴河玩，他们住的时间海小区旁有一个海滨浴场，他妈妈每天都会带他去海边……他总忘不了写打油诗。这次，他这样写——

葫芦是个岛，

时间海上跑。

一个浪打来，

泡泡洗洗澡。

真好，什么时候我也能去看看大海呢？自由活动时，我就追着泡泡说："大——海！"泡泡就给我讲那蓝蓝的大海……美术活动中，老师让我们画自己喜欢的想画的画，我就想到了大海。拎水、拿笔，找颜料，铺画纸……准备好了，贝贝过来说要和我一起画，我说："画——海！"贝贝说："好！"我们共同画了一张大海的画。老师把我们的画挂在走廊里。

幼儿园的美好时光

吴冲老师： 新冠肺炎疫情爆发后，河南省慈善总会牵头，圣玛斯公司想要与奇色花合作，打造一款慈善口罩。接到任务后，我到各班收集孩子们的绘画作品，扫描上传给圣玛斯公司。公司的设计大佬们在一百多幅作品中独独钟情于那幅"云溪和贝贝的大海"！等他们知道云溪是一位有特殊需要的孩子时，他们更是激动，这是何等的缘分啊！（详见图 4-90、4-91）

图 4-90　云溪和贝贝的大海 1

第四章 幼儿园的时光

图 4-91 云溪和贝贝的大海 2

4. 我还有老外朋友

Kay Wells 是一位和我们长得很不一样的外国阿姨,在我刚入幼儿园时就认识她了。我爸爸说有个衣恋集善融合教育试验点项目,我就是这个项目的受益者之一,而 Kay 老师又是这个项目请来支持的专家之一。我们两个就在这个叫"项目"的东西里认识了。她总是隔好长时间来一次,所以,我有时会把她忘掉了。好在我的老师没有忘掉她,老师说她们经常在网上聊我呢。

Kay 老师有一个"魔法"袋子。从她的袋子里可以拿出很多神奇的东西。那次我俩玩儿时,她从袋子里摸出一瓶泡泡水,吹出了很多泡泡。我咯咯咯地笑着,伸出我的小手去摸泡泡。Kay 老师跟我说"泡泡""泡泡",她说着吹着,我笑着摸着,情不自禁地跟着 Kay 老师学着发出"泡泡、泡泡"来!袋子里还有布偶书,我们也一起看了。她还拿出一个小熊玩偶,叫我学着她的样子抱着小熊,哄它睡觉,拿水杯给它喂水,用小勺喂它吃饭……最后 Kay 老师把小熊送给我了!

我喜欢我的老外朋友,我会想念她的……

(二)我的融合教育档案

1. 幼儿基本资料表、幼儿兴趣物调查表、家庭关心事项调查表、幼儿学习特点调查表(如表 4-21 到表 4-24 所示)

表 4-21 幼儿基本资料表

幼儿基本资料表									
1. 基本信息										
姓名	王云溪		性别	女		填写人	王××		填写日期	2021年1月15日
出生日期	2012年10月1日			障碍类型	多重障碍			残疾证号	无	
家庭成员									
家庭成员	姓名	年龄	职业	文化程度	兴趣爱好	身体状况	有无烟酒嗜好	手机	电子邮箱/QQ
父亲	王××	××	××	××	××	××	××	××	××
母亲	王××	××	××	××	××	××	××	××	××
姐姐	王××	××	××	××	××	××	××	××	××
其他	共同居住的祖辈		奶奶						
	健康状况		健康						
	主要亲属有无重大精神疾患和其他特殊需要		无						
	家庭住址及邮编		河南省郑州市××路××小区××号楼××室 450000						

续表

幼儿基本资料表	
2. 生长发育史	
（幼儿发展过程中一些重要的成长记录，如孕期及生产过程，里程碑的动作、语言、社交、行为等发展时间及情况等）	
于 2012 年 10 月 1 日经剖宫产术出生，足月儿小于胎龄儿。出生后因出现新生儿肺炎、呼吸性酸中毒、心肌损伤、腹腔包块相关症状在监护室进行药物治疗。出生 5 天因不会排尿被诊断为神经源性膀胱入院药物治疗。出生 30 天因消化问题入院药物治疗。出生 3 个月到 1 岁，因脑发育不良合并运动、听力、视力障碍入院治疗，断续经过药物及针灸、按摩、物理治疗。后续在家经常口服帮助代谢、消化、生长发育的药物，并配合家人按摩治疗。2016 年 5 月因抽搐入院，确诊为癫痫发作，配合药物治疗。	
奶粉养育，身体发育迟缓。9 个月左右才会坐，会爬行，会伸手拿东西，全身肌张力低、力量小；1 岁开始长牙；3 岁会走路，但特别容易摔倒，平衡能力弱，肢体协调性差，肌张力低；眼睛轻微斜视；4 岁才会发声叫爸爸妈妈，语音微弱，词语表达不清，在老师强化训练下能表达一些简单的生活用语，如"要、喝、好"等字词；目前 8 岁 3 个月。	
3. 医疗史	
（重大疾病就诊、障碍类型的诊断、对幼儿有影响的疾病史或用药，如障碍原因、用药情况、过敏情况）	
云溪出生 6 个月的时候发现她身体有异常，后来确诊为脑发育不良。对孩子有影响的情况：对食物和药物吸收差、代谢慢。用药无过敏。	

4. 康复史

起止日期	医院 / 机构	康复项目
2013 年 1 月—2014 年 3 月	某医院	针灸、药物、激光针治疗（超声波治疗、短波治疗）、按摩、家中做肢体训练，最多的是药物治疗。

5. 教育史

起止日期	早教机构／幼儿园	适应概况
2016 年 9 月至今	奇色花福利幼儿园	很适应幼儿园的生活，很喜欢上幼儿园，结交了很多好朋友。

续表

幼儿基本资料表	
6. 日常生活状况	
项目	具体描述
饮食	（您的孩子一般什么时间、在哪里和谁一起吃早、中、晚餐？一般吃什么食物？孩子对三餐是否很有胃口？好或不好的原因是什么？） 　　孩子周一至周五的早上和中午都在幼儿园和小朋友一起进餐，晚饭时间是和爸爸、妈妈、姐姐、奶奶一起进餐。 　　幼儿园的食物荤素搭配，营养均衡合理。在家大多晚饭都吃素食，如稀饭、蔬菜、馒头，孩子有时很有胃口，有时怎么说都不想吃。吃饭胃口不好的原因不是很清楚，感觉她身体弱、运动量小和她的便秘有关系，有时可能胃口不好、消化不好，也有可能是做的饭不合胃口。
睡眠	（您的孩子一日生活作息规律是什么，如什么时间做什么事情或活动？日常午休／夜间睡眠规律是什么？午休／夜间睡眠质量是否很好？好或不好的原因是什么？） 　　孩子现在午休较少，下午四点之后就是喝水、吃点水果、下楼玩游戏、做肢体练习、玩玩具等。晚上十点半以后睡觉，夜间睡眠质量有时很好，有时不好，睡眠质量不好的原因听很多家长和医生说是消化不好，睡觉就容易翻来覆去。
衣着	（您的孩子都有什么样的穿脱外衣和内衣的技能？您是怎样辅助孩子的？孩子穿脱衣服时是很容易还是很困难？容易或困难的原因是什么？） 　　孩子现在衣服一般会穿，只是裤子正反面有时会错，腰部的松紧绳还不知道理顺，裤子有时会穿扭。不过在幼儿园的这几年穿衣技能进步很大，能力提升非常多！
盥洗	（您的孩子都能完成哪些盥洗活动？孩子盥洗时需要什么样的帮助？盥洗时是很容易还是很困难？容易或困难的原因是什么？） 　　云溪现在能完成简单的洗手活动，洗手前需要家人把她的袖子挽起来。洗手这个动作对孩子来说很容易，孩子也很喜欢洗手。老师教会她正确的洗手方法，孩子也觉得自己会洗手了，很高兴，很有成就感。每次吃东西前让她洗手她都是乐在其中，愿意去做。

续表

幼儿基本资料表	
6. 日常生活状况	
项目	具体描述
如厕	（您的孩子如厕有什么样的时间规律？您是怎样训练孩子如厕的？如厕通常没问题还是很困难？原因是什么？） 　　孩子如厕没有什么规律，她会表达"我想上厕所"，若是在幼儿园会告诉老师，在家会告诉妈妈。孩子大便很困难，也没规律。孩子有便秘，小的时候在医院做检查，医生说孩子身体代谢功能不好，需要长时间调理，现在孩子也一直吃中药在调理肠胃。
玩耍和互动	（您的孩子最喜欢玩的玩具是什么？最喜欢玩耍的活动是什么？其他小朋友喜欢和您的孩子玩耍和互动吗？为什么？孩子和其他小朋友玩耍或互动可能很困难吗？为什么？） 　　孩子最喜欢的玩具是家里的洋娃娃，喜欢看书、搭积木，也喜欢和爸爸妈妈一起做运动、玩游戏。其他小朋友和孩子有互动，有时候在一起还玩得很开心，有时也会有玩得不合的时候。和其他孩子互动好的时候，是因为不管是吃东西还是玩玩具，两人都愿意互相退让，所以玩得好；互动不好的孩子一般都是因为云溪语言弱，没办法沟通，或是对方太强势，云溪必须听他指挥，指挥云溪去做这做那，做得不好其他孩子就有怨言，不和云溪玩了，这时候云溪因不会用语言表达就会有情绪，一有情绪就会动手打人。云溪虽然在语言表达方面不是很清晰，但心里什么都知道，有时候云溪和其他小朋友玩，也会尝试用语言表达，家人都听不懂他们在说什么，但看见他们互动很好，玩得很开心。
沟通交流	（您的孩子用什么样的方式和人交流？喜欢和成人还是孩子交流？孩子与人交流是很顺利还是有困难？很顺利或有困难的原因是什么？） 　　孩子一般都会用动作、手势和简单的语言进行交流；喜欢和大人交流，可能因为孩子觉得和大人好交流，因为她一个简单的手势、动作或几个词语，大人一般都能猜对她想干什么，很容易满足她的需求。 　　云溪和同岁的孩子沟通不顺利，主要原因一是云溪语言表达不好，和同伴交流其他孩子听不懂，也没耐心听，所以经常会出现云溪站在旁边看别的小朋友玩的情况；二是她和别的小朋友正玩的时候因表达不清晰，玩一会儿就会打起来，这个是让家人很头疼的事情；三是云溪的肢体运动障碍阻碍了她和同伴的游玩，她和别的小朋友玩的时候，看到别的小朋友又蹦又跳的，动作麻利，或很顺畅地做手工，这些云溪都做不好，所以别的小朋友就开始疏远她了。同时也发现云溪喜欢和比她大的孩子玩，要不就喜欢找三岁以下的孩子玩，这是孩子在家的表现。

表 4-22 幼儿兴趣物调查表

<table>
<tr><td colspan="4" align="center">幼儿兴趣物调查表</td></tr>
<tr><td colspan="4">幼儿姓名：王云溪　　班组：大一班　　填写日期：2021 年 1 月 15 日
填写人：王××</td></tr>
<tr><td colspan="2" align="center">最喜欢的食物</td><td colspan="2" align="center">最喜欢的饮品</td></tr>
<tr><td>主副食</td><td>米饭 饺子 稀饭</td><td>饮料</td><td>可乐 红茶 果粒橙</td></tr>
<tr><td>水果</td><td>橘子 香蕉 西瓜</td><td>奶类</td><td>酸奶 纯奶</td></tr>
<tr><td>零食</td><td>棒棒糖 牛奶 面包</td><td>果汁</td><td>鲜橙多 石榴汁</td></tr>
<tr><td>其他</td><td>无</td><td>其他</td><td>无</td></tr>
<tr><td colspan="2" align="center">最不喜欢的食物</td><td colspan="2" align="center">最不喜欢的饮品</td></tr>
<tr><td colspan="2">黑色食物</td><td colspan="2">黑色的饮品</td></tr>
<tr><td colspan="2" align="center">最喜欢的室内活动</td><td colspan="2" align="center">最喜欢的室外活动</td></tr>
<tr><td colspan="2">听故事、听音乐、做手工、看电视和电子产品、帮助妈妈做家务（擦桌子、扫地等）</td><td colspan="2">玩水，玩滑梯，荡秋千，玩球，喜欢和爸爸做体操运动、做游戏</td></tr>
<tr><td colspan="2" align="center">最不喜欢的室内活动</td><td colspan="2" align="center">最不喜欢的室外活动</td></tr>
<tr><td colspan="2">无</td><td colspan="2">无</td></tr>
<tr><td colspan="2" align="center">最喜欢的物品/玩具
（请在合适的物品后打"√"）</td><td colspan="2" align="center">最喜欢的奖励
（请在合适的方式后打"√"）</td></tr>
<tr><td>积木</td><td>√</td><td>糖果</td><td>√</td></tr>
<tr><td>洋娃娃</td><td>√</td><td>书</td><td></td></tr>
<tr><td>汽车</td><td></td><td>口头赞扬</td><td></td></tr>
<tr><td>球</td><td>√</td><td>拥抱</td><td>√</td></tr>
<tr><td>其他</td><td>可爱的毛绒玩具</td><td>其他</td><td>亲吻</td></tr>
<tr><td colspan="2" align="center">最不喜欢的物品/玩具</td><td colspan="2" align="center">最不喜欢的事情</td></tr>
<tr><td colspan="2">不喜欢音乐声音很大的玩具</td><td colspan="2">打屁股</td></tr>
<tr><td colspan="2" align="center">其他情况说明</td><td colspan="2">最不喜欢吃药，生病时不喜欢大人给她喂药</td></tr>
</table>

表 4-23 家庭关心事项调查表

家庭关心事项调查表			
幼儿姓名：王云溪　班组：大一班　填写日期：2021 年 1 月 15 日　填写人：王××			
序号	针对孩子的关心事项 我关心……	关心程度		
		优先关心	关心但非优先	目前不关心
1	更多地了解孩子目前的优势与需求	√		
2	了解提供给孩子的相关服务及课程		√	
3	更多地了解孩子的情况，包括障碍	√		
4	为孩子将来的相关服务与课程做计划		√	
5	了解孩子如何成长和学习（如社交、动作、自我照顾方面）	√		
6	学习照顾和帮助孩子的方法（如摆位、饮食、健康）	√		
7	学习相关法律政策、家长的权利及如何为孩子争取权益		√	
8	处理孩子的问题行为	√		
9	学习如何与孩子交谈和游戏	√		
10	与老师和专业人员谈论孩子的课程	√		
	针对家庭的关心事项 我关心……			
11	向兄弟姐妹、亲朋好友解释孩子的特殊需求	√		
12	孩子获得兄弟姐妹的支持	√		
13	家人和朋友参与对孩子的照顾或孩子的自由活动	√		
14	为家庭提供咨询服务		√	
15	学习自己解决家庭问题	√		
16	从朋友、配偶、邻居处得到更多的支持	√		
17	为配偶取得更多的支持	√		
18	拥有自己的时间	√		
19	与家人一起休闲娱乐	√		

幼儿园的美好时光

续表

序号	针对社区的关心事项 我关心……	关心程度		
		优先关心	关心但非优先	目前不关心
21	加入家长团体或有特殊需要儿童的团体		√	
22	了解政府的补助和儿童获得补助的资格		√	
23	带儿童参与社区活动		√	
24	为其他家庭提供帮助		√	

其他关心的事项或需求：
　　非常关心孩子的身高、驼背问题和语言发展与交流能力，盼望孩子自理能力能有提升、身高增加。

担心和期望：
　　担心孩子的身体和能力。
　　期望孩子有好的表达和交流能力；走路时不弯腰，认真走路，能够抬头挺胸不驼背。期待孩子能学会耐心等待，不急躁。期待孩子上课专注时间增加。期待孩子的身体能再长高，能长胖，更健康！

表 4-24 幼儿学习特点调查表

幼儿学习特点调查表					
幼儿姓名	王云溪	性别	女	班级	大一班	填写日期	2021年1月15日
项目	幼儿情况				简单说明
常用的信息接收通道	☑ 视觉　　☑ 听觉 ☐ 视/动　　☑ 听/动 ☑ 综合				在学习过程中云溪需要听明白且看懂后才会动手操作，也能学会。
目前所处的认知阶段	☐ 具体物（动作、实物） ☑ 半具体物（图示） ☐ 抽象（符号、文字）				出示图片、照片、简笔画时云溪理解且知道所代表的实物，认识简单的字。
常用的表达方式	☐ 发出声音　　☑ 做手势、动作 ☐ 通过表情　　☑ 运用口语 ☐ 指图片　　　☐ 指文字 ☐ 书写　普通话　☐ 方言				云溪有一定的语言基础，但是不主动运用，需成人语言提醒；沟通时运用动作较多；有时表达自己的情绪/心情时会发出声音或通过表情表示。
适宜的活动形式	☑ 小组　　☑ 团体　　☑ 个别 ☑ 动态　　☐ 静态				云溪在参与大组活动时注意力容易分散，参与小组和个别活动时不易受干扰，也喜欢参与团体活动，但规则意识有待增强。
学习的独立性	☐ 强　　☑ 一般　　☐ 弱				在学习过程中需要同伴或老师的支持。
学习的主动性	☐ 强　　☑ 一般　　☐ 弱				对自己喜欢的、感兴趣的事物会主动学习，但持续时间不长； 对不喜欢或不会的学习内容学习起来有些被动，需要他人的提醒支持。

2.《学前儿童教育发展评量手册》

（1）综合发展曲线图如图 4-92 所示。

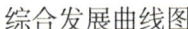

综合发展曲线图

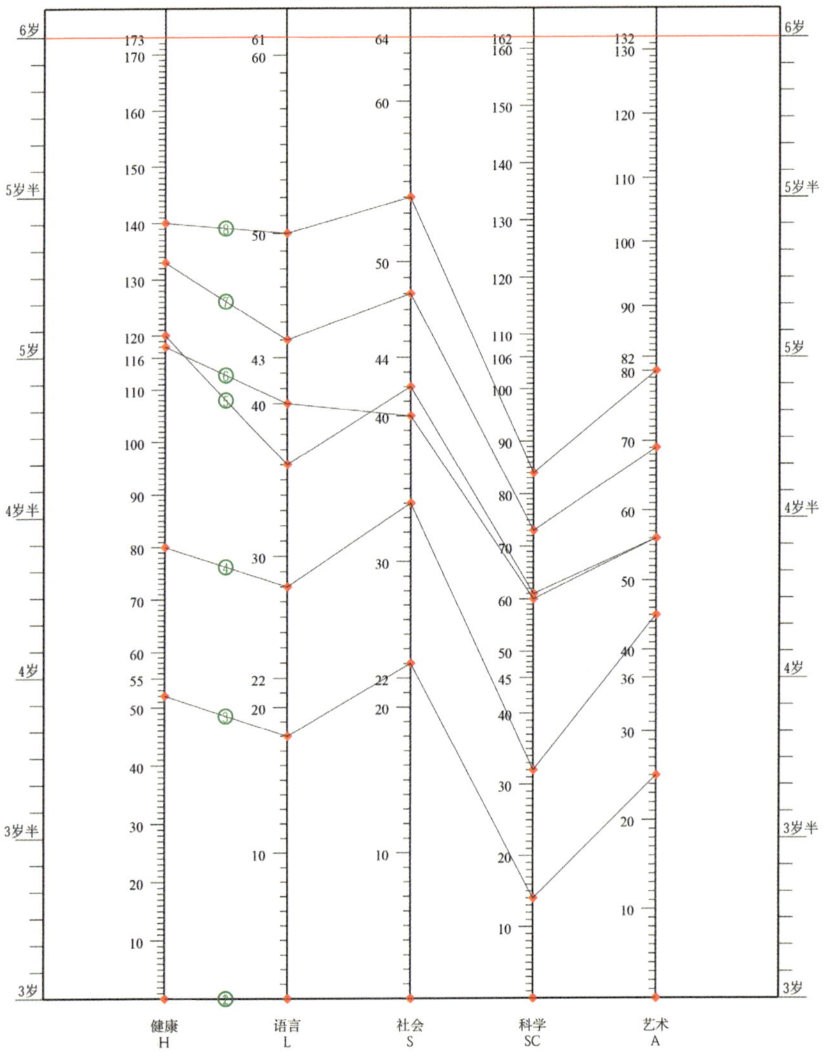

图 4-92　综合发展曲线图

第四章 幼儿园的时光

（2）发展分类图（健康、语言、社会、科学、艺术分别如图 4-93 到图 4-97 所示）。

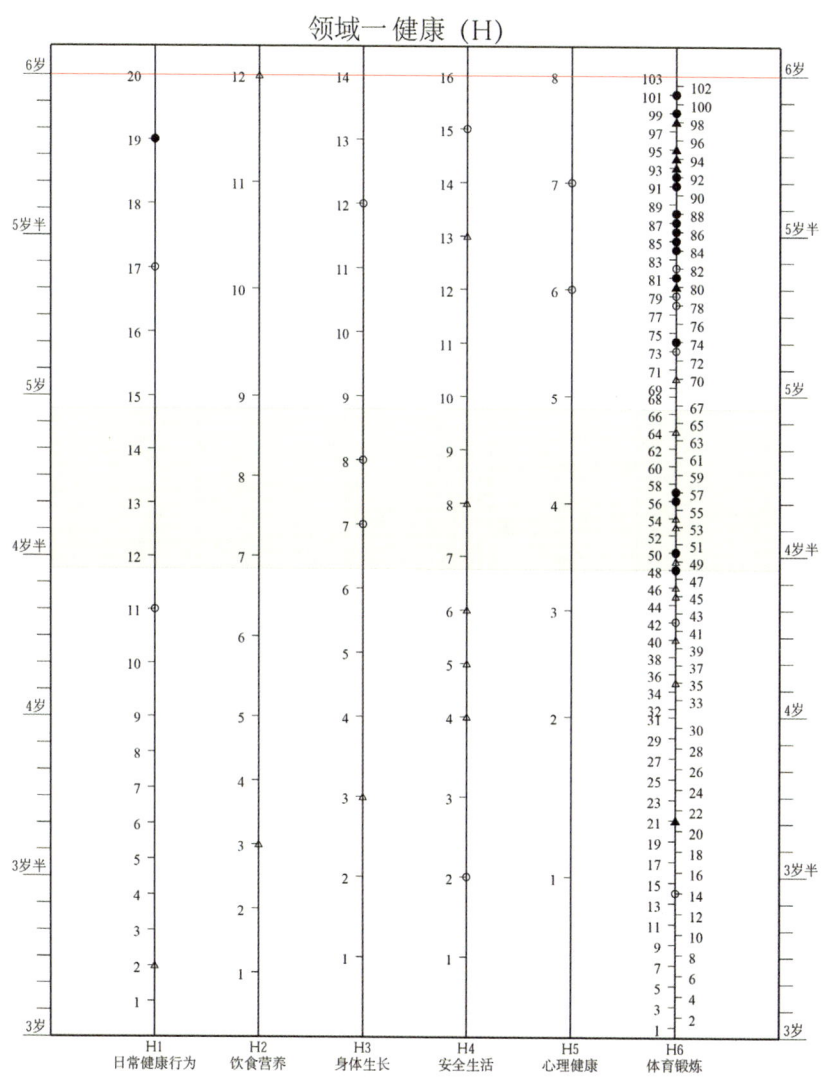

图 4-93 健康领域发展图

幼儿园的美好时光

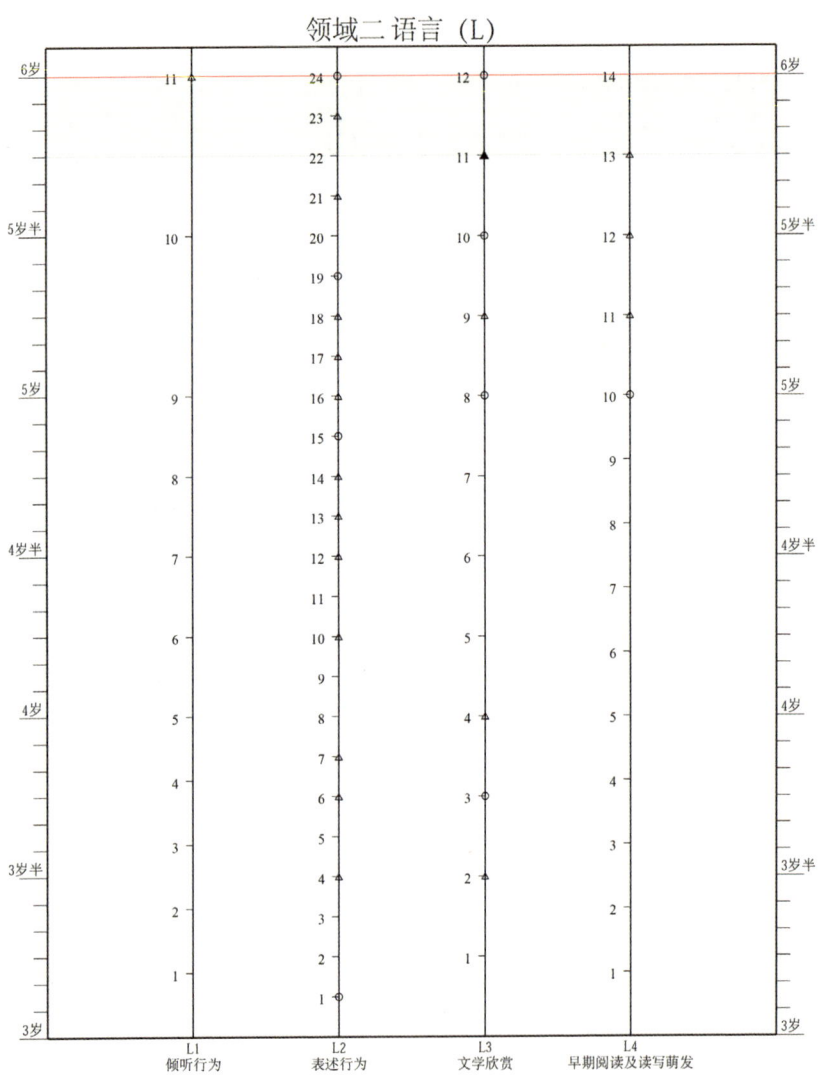

图 4-94 语言领域发展图

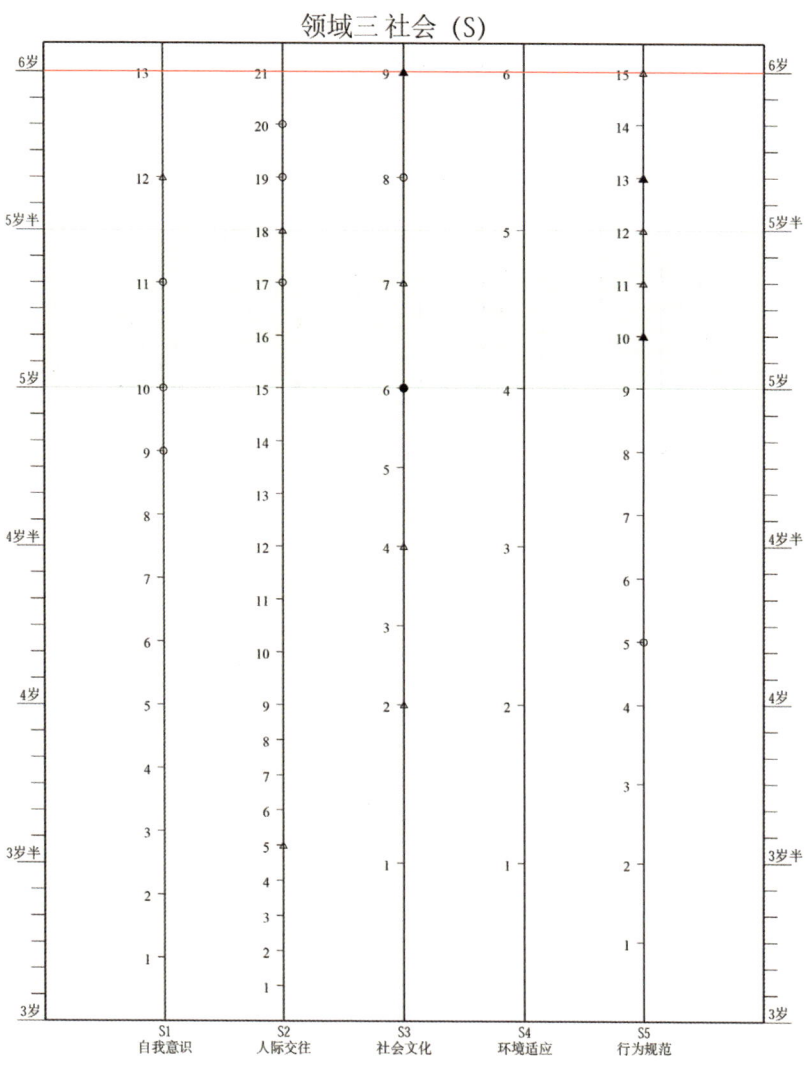

图 4-95 社会领域发展图

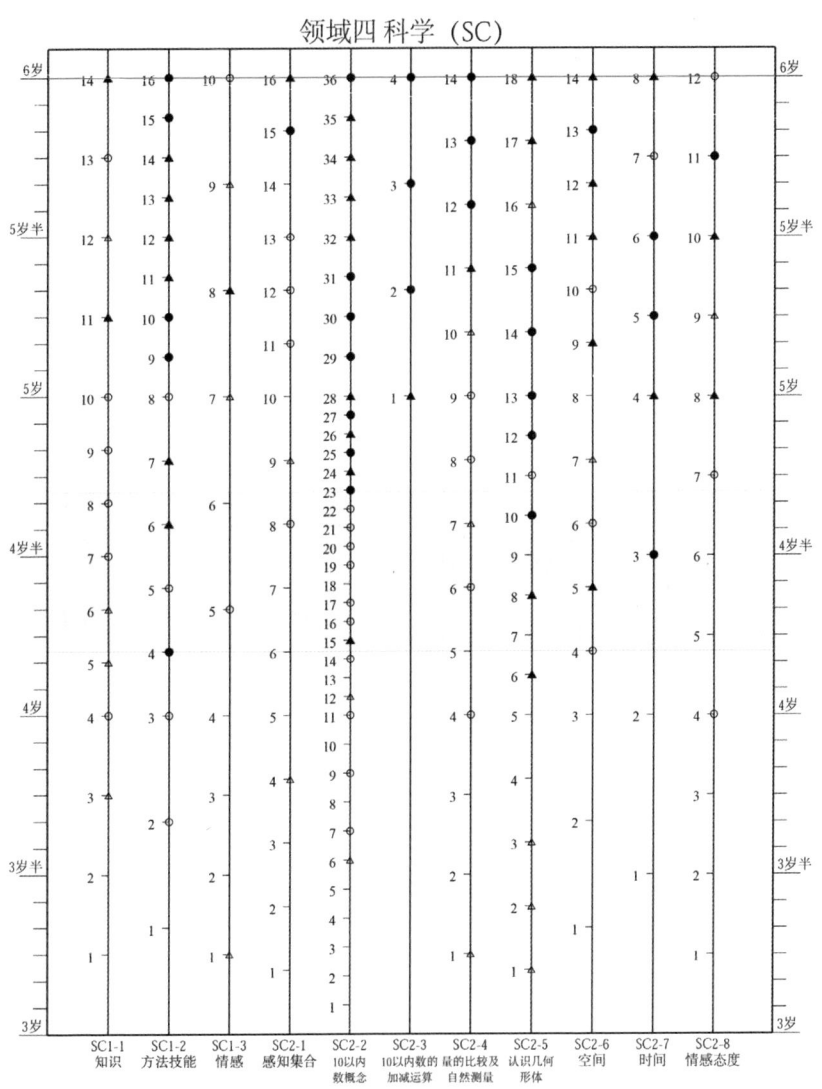

图 4-96 科学领域发展图

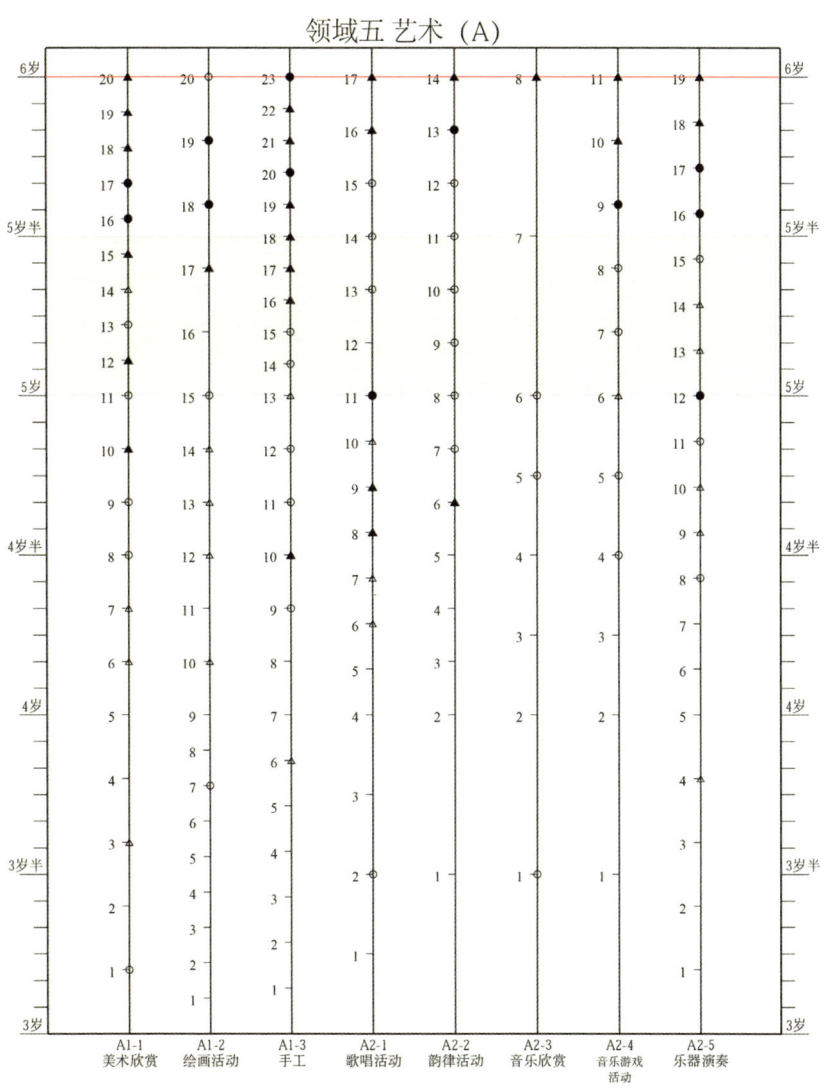

图 4-97　艺术领域发展图

3. 评量结果综合分析报告（如表 4-25 所示）

表 4-25 评量结果综合分析报告

评量结果综合分析报告				
幼儿姓名：王云溪　班级：大一班　撰写日期：2021 年 1 月 13 日　撰写人：程凡				
领域	现状分析		原因推断	建议策略
语言	（1）认真听并能听懂常用语言，能遵从包含三件物体及三项动作的指令，在集体中能注意倾听老师或其他人讲话； （2）愿意讲述并能较清楚地表达，能依据所处情境使用恰当的语言，如在别人难过时会用恰当的语言表示安慰； （3）喜欢听各种文学作品，能根据连续画面提供的信息大致说出故事的情节，能感受文学语言的丰富和优美； （4）具有书面表达的愿望和初步技能，能用摹画"O"的方式练习基本笔画，用有趣的方式练习汉字的基本笔画； （5）讲述故事主要内容（包含人物、地点、情节等）及用三个相关短句描述图画的能力需加强； （6）讲述文学作品主要内容，猜想故事情节并续编、创编故事； （7）书写时用正确笔顺及使用书写辅助工具辅助学习。		（1）词汇掌握还不是很丰富； （2）日常教学未涉及。	（1）鼓励和支持云溪与同伴一起玩耍、交谈，相互讲述见闻、趣事或看过的图书、动画片。 （2）经常和云溪一起阅读，引导她以自己的经验为基础理解图书内容，和云溪一起讨论或回忆书中的故事和情节，引导她有条理地说出故事的大致内容。 （3）下学期在云溪画写、记录时提醒云溪从上到下、从左到右并提醒云溪使用对应的辅助工具。

续表

领域	现状分析	原因推断	建议策略
社会	（1）有较好的环境适应能力，愿意参加社区、群体活动，在群体中积极、快乐，对小学充满向往； （2）愿意与人交往，关注他人的情绪并给予别人适当的帮助，参加同伴带领的集体活动； （3）有一定的自尊、自信、自主的表现，能按照自己的想法进行游戏或其他活动；与别人的看法不同时，敢于坚持自己的意见并说出理由； （4）掌握了一定的行为规范，经提醒能节约粮食、水电等，能完成自己接受的任务； （5）对于社会文化，知道自己所在的幼儿园和班级，积极参加集体活动； （6）有礼貌地与人交往需要进一步引导，有时为了吸引小朋友的注意会说脏字； （7）在了解自己的优点上需要引导； （8）做错事要敢于承认，不说谎话的意识需要提升，有时云溪先碰到小朋友，会说小朋友碰了她等； （9）对国家、民族及自己家乡的省、市、县了解较少。	（1）与人交往的方式有些错误； （2）日常对幼儿的肯定与鼓励较少； （3）害怕承担后果或接受批评； （4）国家、民族等词汇较抽象，难以理解。	（1）结合具体情境，利用相关图书、故事，结合云溪的交往经验，和她讨论什么样的行为是受大家欢迎的，想要得到别人的接纳应该怎样做； （2）日常对云溪好的行为表现多给予具体、有针对性的肯定和表扬，让她对自己的优点和长处有所认识和了解； （3）日常生活中允许云溪犯错，调整自己处理云溪说谎时的办法，同时要严肃地告诉云溪说谎的行为不对； （4）运用云溪喜闻乐见的模式让云溪说一说或在地图上找一找自己家所在的省、市、县名称。找一些具有当地民族特色的物品，用真实的、图片的、视频的形式请云溪观看，加深云溪的理解。

续表

领域	现状分析	原因推断	建议策略
健康	（1）有较好的饮食习惯，主动饮用白开水，不贪喝饮料，不挑食，吃东西细嚼慢咽； （2）情绪安定愉快，能适度地表达情绪，不乱发脾气，能随着活动的需要转换注意力和情绪； （3）有基本的生活自理、卫生习惯，能主动使用肥皂按正确的方式洗手，会正确地使用纸巾擦拭； （4）具有基本的安全知识和自我保护能力，能积极主动地配合进行基本预防和治疗，也知道乘坐电梯的安全知识； （5）具有一定的灵敏度、耐力和力量，可快跑30 m接力，助跑跳远距离不小于40 cm，可全身协调地从高30 cm左右的绳下爬过，会踩滑板； （6）系鞋带的技巧需要加强学习； （7）认识身体主要的器官及功能，会讲述自己的家庭信息向警察求救，知道常见的急救电话，如110、120、119。	（1）系鞋带的技巧未掌握； （2）日常渗透较少； （3）日常此类练习较少。	（1）日常生活中增加练习系鞋带技巧的次数，如衔接时间、换鞋时间； （2）开展课程"我的身体器官""急救知识小常识"及在图书区投放此类书籍； （3）设计有趣的户外活动，如跳房子、贴气球、击中目标等。

续表

领域	现状分析	原因推断	建议策略
艺术	（1）能欣赏多种多样的艺术作品，观看与自己生活经验有关的具有鲜明色彩的图画作品；愿意参与音乐欣赏活动，能安静专注地倾听音乐； （2）具有初步的艺术表现与创造能力，能较准确地按照音乐的节奏做模仿动作和舞蹈组合；能用拍手、踏脚等身体动作或敲击的物体敲打节拍和基本节奏；会发放、收放乐器，养成爱护乐器的习惯； （3）喜欢用手工、绘画的形式表现自己的愿望，能在画画中心位置大胆地安排主要形象；沿着线剪三角形、正方形，和小朋友分工协作，一起完成一件作品； （4）欣赏作品时能产生相应的联想和情绪反应，会简述同伴作品，讲述喜欢或不喜欢的理由；感受音乐，需要提供更多的机会让其用绘画的形式表现听音乐时的心情； （5）用创造的动作进行自我表现和表达，自编、自演故事，分配角色，创编音乐游戏的新玩法与动作，掌握乐器演奏的方法等需要进一步学习； （6）绘画技巧的运用，连环画画及表现动态情节，折双三角、双正方的能力需要学习和练习。	（1）日常引导较少； （2）课程设计较少； （3）日常技巧学习使用机会较少。	（1）成人带领云溪观看艺术作品时，引导云溪观看作品形象及主题，让云溪自己讲述，也可以带云溪一起调查； （2）早锻炼及户外活动时给云溪提供足够的表演机会，如"森林舞会""葡萄丰收"等； （3）在美工区投放各种制作材料，课程学习制作"会动的小人""会飞的鱼""折纸"等。

幼儿园的美好时光

续表

领域	现状分析	原因推断	建议策略
科学	（1）在探究中认识周围事物和现象，能感受和发现常见材料的溶解、传热等性质或用途，能关心爱护身边的动植物； （2）能感知生活中的数学，会根据指令找出集合中的子集类，按某一特征的肯定或否定进行分类； （3）能感知一定的形状和空间关系，能配对5组立体积木，用几何形体进行拼搭和建构；能说出时间顺序，初步感知时间与时间顺序的关系，如知道星期一到星期日的顺序； （4）能理解数、量及数量关系，区分"几个""第几个"；会画写数字1—10；会用"自选单位"测量，比较面积的大小；会把实物或图片二等分； （5）观察简单的物理现象（水的三态、面的发酵），用简单的句子描述事物的特征，用简单的工具测量及符号记录这方面需要加强学习； （6）层级分类及连续多方向ABCD/ABAB排序需要学习； （7）认识常见的图形（长方形、正方形），知道其名称和明显特征；初步感知平面图形间的简单关系；对今天、明天、昨天的使用及理解需要进一步学习； （8）知道7比6多1、8比7多1；理解10以内相邻两数的差为1的互逆关系；借助实际情景和操作理解"＋""－"的实际意义需要加强学习。	（1）日常引导少； （2）日常练习较少； （3）逻辑关系较抽象，不易理解。	（1）日常生活中鼓励云溪将观察到的现象讲述或记录下来，如影子的长短； （2）利用环境中有序排列的图案（如按颜色排序的瓷砖、按形状排序的珠帘）鼓励云溪发现并感知规律； （3）日常生活中鼓励云溪讲述常见的物体图形，如长方形的桌子、正方形的礼物盒的盖子； （4）和云溪一起回顾昨天的事情、今天的事情和计划明天的事情； （5）通过实物操作用游戏的方式理解"＋""－"，如：佩奇家来了2位客人，又来了1位客人，佩奇家一共来了几位客人？

续表

领域	现状分析	原因推断	建议策略
一日生活常规（高宽）	（1）能较好适应一日生活流程，能主动接受晨检并有礼貌地问好；独立计划—工作—回顾；在大小组活动中积极参与由老师和同伴带领的集体活动；户外活动时自己调节与同伴的距离；根据气温、活动量增减衣物；生活方面能基本满足自己的需求，如大便后能自己擦拭；当值日生，整理餐桌，清理桌面；晚离园主动与教师、同伴说再见；户外跟随集体，不离开老师的视线；（2）握笔、书写、看书的良好习惯需要养成；（3）午休睡前及起床的习惯需要学习；（4）不在教室乱跑，判断危险事物等方面的能力需要提高。	（1）此类习惯需日常养成；（2）喜欢和幼儿玩追逐跑的游戏。	（1）在日常生活中，成人提醒云溪用正确的方式握笔、书写、看书，或利用视觉提示让云溪参考，如模仿做得正确的照片进行学习；（2）午休前及起床后利用流程图（云溪自己起床、入睡的步骤图），利用计时器或沙漏提醒云溪使用的时间，提高效率。

4.IEP/IFSP 计划指南（如表 4-26 所示）

表 4-26　IEP/IFSP 计划指南

IEP/IFSP 计划指南					
幼儿姓名	王云溪	出生日期	2012 年 10 月 1 日	性　别	女
班　组	大一班	填写日期	2021 年 1 月 15 日	填写人	徐芳莉　妈妈
IEP/IFSP 会议日期	2021 年 1 月 18 日	时　间	13：00—14：30	地　点	会议室
参与计划人员	程凡　徐芳莉　杨紫薇　李雨晨　王××				
优　势					
幼儿的优势 （包括最近的进步或变化、最喜欢的活动、特质）			家庭的优势 （包括现有的资源、能力、支持）		
家庭： 　云溪在家会关心、体贴他人，会很细心地帮助熟睡的妹妹盖被子。在语言方面能自如地与家长沟通，会用语言表达自己的需求。运动方面，之前需要扶着楼梯扶手下楼，现在可以独立自如地上下楼梯，还会骑自行车、滑板车，很有力气，自己玩得特别好。 幼儿园： 　云溪很会关心照顾他人，看到小朋友不开心会主动拿纸巾帮小朋友擦拭眼泪；与小朋友相处会用一些礼貌用语，如"我可以和你一起玩吗？"，语言发展较好，能讲述与小朋友一起玩耍的过程。			家庭陪伴，尽力给孩子好的生活环境，经常带云溪到户外，满足云溪运动的需求，学校有什么需要会积极配合。		

续表

IEP/IFSP 计划指南			
家庭优先重视事项			
期待幼儿发展的目标		家庭关心事项	
有好的表达和交流能力		向兄弟姐妹、亲朋好友解释孩子的特殊需求	
能多点耐心、不急躁		孩子获得兄弟姐妹的支持	
专注力提升		拥有自己的时间	
身体发展		与家人一起休闲娱乐	
幼儿短期发展目标			
领域	代号	短期目标	初始表现	预期表现
健康	H6-21	单脚原地跳3下	1	3
	H6-80	连续3次跳过慢慢左右摇摆的绳	1	4
语言	L2-14	会用完整的句子描述生活经验或最近发生的事	2	4
	L4-10	以摹画图形的方式练习基本笔画	2	4
社会	S3-4	奏国歌、升国旗时能自动站好	2	4
	S5-13	做了错事敢于承认，不说谎	2	3
科学	SC2-2-27	会倒数1—10	2	4
	SC2-3-1	借助实际情景和操作（合并或拿取）理解"＋""－"的实际意义	1	3
艺术	A1-3-10	会剪贴出简单的物像	1	4
一日生活常规	CL5-3-5	安静入寝，能将脱下的衣服摆放整齐	2	4
	CL5-2-8	愿意当值日生，会协助教保人员收拾餐具，清理桌面、地面	1	4

5. 个别化教育计划会议记录（如图 4-27 所示）

表 4-27　个别化教育计划会议记录

个别化教育计划会议记录			
幼儿姓名 王云溪		主持人 田亚红	记录人 徐芳莉
时间 2021 年 1 月 19 日 13：00—14：30			地点 会议室
参会人员（含幼儿园行政人员、班级教师、家长、其他专业人员等）			
讨论事项			决议事项
1. 田老师介绍会议目的、流程及参会人员。 2. 班级教师分别总结性描述孩子在幼儿园的融合情况（自理、运动、区域参与等）。 程凡老师：工作时间云溪能主动进区工作，并和同伴有很好的互动；紫薇老师分享云溪用餐情况；雨晨老师分享云溪早晚离园的情况； 3. 家长分享近期幼儿在家的变化：喜欢做家务劳动，喜欢收拾整理书包且速度提升，喜欢扮演老师的角色。家长十分关心云溪幼小衔接内容，担心因为眼睛问题有所影响。 4. 程凡老师介绍本学期 IEP 目标完成情况。 5. 芳莉老师介绍本学期云溪发展评量结果，程凡老师介绍下学期为入小学做的准备。 6. 与家长共同讨论 IEP，家长希望多加强云溪的时间观念，纠正口语发音，确定 IEP 内容。 7. 家园双方表达期待： （1）创设家中的学习环境； （2）及时沟通。			1. 运用描、画、写的方式练习书写顺序； 2. 培养孩子的时间观念，减少拖延。
参与人员签名	职称 / 关系	参与人员签名	职称 / 关系
程凡	师生	李雨晨	师生
徐芳莉	师生	王××	母女
杨紫薇	师生	朱秀花	师生

6. 个别化教育计划（如表 4-28 所示）

表 4-28　个别化教育计划

个别化教育计划										
姓名	王云溪	性别	女	年龄	8岁4个月	执行班组	大一班	计划实施起止时间	2021年3月至2021年6月	
参与个别化教育计划者	\multicolumn{10}{c}{程凡　徐芳莉　杨紫薇　李雨晨　朱秀花　王××}									
评量工具	\multicolumn{2}{c}{《学前儿童教育发展评量手册》}		监护人同意签名	王××	日期	\multicolumn{4}{c}{2021年1月19日}			
领域	长期目标	代号	短期目标	分步目标	初始表现	预期表现	期末表现	开始日期	完成日期
健康	加强体能锻炼，提高平衡能力	H6-21	单脚原地跳3下		1	3	4	3月1日	7月2日
		H6-80	连续3次跳过慢慢左右摇摆的绳		1	4	4	5月10日	7月2日
语言	培养表达能力	L2-14	会用完整的句子描述生活经验或最近发生的事		2	4	4	4月6日	4月30日
	激发前书写兴趣	L4-10	以摹画图形的方式练习基本笔画	L4-10-1 摹画"△"（直径5 cm）	2	4	4	5月10日	6月4日
				L4-10-2 摹画"+"（直径5 cm）	2	4	4	4月6日	4月30日
				L4-10-3 摹画"○"（直径5 cm）	2	4	4	3月1日	4月2日

幼儿园的美好时光

续表

领域	长期目标	代号	短期目标	分步目标	初始表现	预期表现	期末表现	开始日期	完成日期
社会	激发爱家乡、爱祖国的情感	S3-4	奏国歌、升国旗时能自动站好		2	4	4	4月6日	4月30日
社会	培养良好的行为规范	S5-13	做了错事敢于承认，不说谎		2	3	2	5月10日	7月2日
科学	了解10以内数的概念	SC2-2-27	会倒数1—10		2	4	4	3月1日	4月2日
科学	了解10以内数的加减运算	SC2-3-1	借助实际情景和操作（合并或拿取）理解"＋""－"的实际意义		1	3	3	4月6日	7月2日
艺术	发展创造性表达的能力	A1-3-10	会剪贴出简单的物像		1	4	4	3月1日	4月30日
一日生活	培养良好的生活习惯和承担适当的劳动任务	CL5-3-5	安静入寝，能将脱下的衣服摆放整齐		2	4	3	3月1日	4月2日
一日生活	培养良好的生活习惯和承担适当的劳动任务	CL5-2-8	愿意当值日生，会协助教保人员收拾餐具，清理桌面、地面		1	4	3	5月10日	7月2日

7. 个别化融合教育计划（如表 4-29 到表 4-32 所示）

表 4-29　个别化融合教育计划（2021 年 3 月）

个别化融合教育计划					
日期：<u>2021 年 3 月</u>　幼儿姓名：<u>王云溪</u>　教师姓名：<u>程凡　徐芳莉　杨紫薇　李雨晨</u> 　　　　融合班级：<u>大一班</u> （关键词：MS= 融入式学习　　ES= 嵌入式学习　　AS= 添加式学习）					
目标代号	目标	幼儿行为表现/现状能力/基本能力	目前的处理方法	可用教学策略	可介入的教育环节
H6-21	单脚原地跳 3 下	能快速地单脚跳 1 下，第 2—3 下会重心不稳而双脚落地	教师在云溪需要帮助的时候给予动作辅助	MS＿＿＿ES＿＿＿AS＿✓＿ 教师设计"单脚跳"游戏，告诉云溪："我们一起来单脚跳闯关吧。"当云溪单脚跳 3 下时，给予鼓励："云溪闯关成功了！"当云溪没有单脚跳时，教师辅助云溪单脚跳。	早锻炼 户外活动
L4-10-3	摹画"○"（直径 5 cm）	能摹画圆形，但直径不够 5 cm	教师提供圆形卡片，请云溪按卡片大小进行摹画	MS＿＿＿ES＿✓＿AS＿＿＿ 教师准备直径 5 cm 的圆形卡片，告诉云溪："云溪，我们一起来画大太阳吧。"当云溪画出直径 5 cm 的圆时，给予鼓励："云溪画的太阳好大呀。"当云溪没画出时，教师引导云溪重新绘画。	工作

幼儿园的美好时光

续表

目标代号	目标	幼儿行为表现/现状能力/基本能力	目前的处理方法	可用教学策略	可介入的教育环节
SC2-2-27	会倒数1—10	能倒数部分数字10、9、8,其余数字需要提示	教师利用图片,在云溪忘记时进行视觉提示	MS＿＿＿ES＿＿＿AS＿√＿ 教师准备1—10的数字卡片,告诉云溪:"我们给数字'宝宝'倒着排队吧。"当云溪排列出来时,给予鼓励:"数字'宝宝'很喜欢你给它们排的位置。"当云溪没有完成时,教师把错误的数字"宝宝"拿出来,请云溪找到对应的位置。	工作
A1-3-10	会剪贴出简单的物像	能剪出简单的物像,但粘贴需要根据视觉提示	教师给云溪提供简单的剪贴步骤,请云溪根据步骤进行操作	MS＿＿＿ES＿＿＿AS＿√＿ 教师提供剪贴图片的流程图,告诉云溪:"我们一起来做剪贴画吧。"当云溪剪贴出对应的图片时,给予鼓励:"我们一起给小朋友分享一下你的作品吧。"当云溪没有完成时,教师引导云溪参照步骤图进行制作。	工作
CL5-3-5	安静入寝,能将脱下的衣服摆放整齐	能正确折叠摆放衣服,但有时着急时会将衣服乱放	教师提醒云溪提前收拾床铺入睡	MS＿＿＿ES＿＿＿AS＿√＿ 教师准备入寝流程图,入寝时告诉云溪:"云溪可以看着流程图准备入寝流程。"当云溪完成流程时,给予鼓励:"云溪的床铺很整齐呢。"当云溪未完成时,教师与云溪一起检查未完成的事情并与云溪一起完成。	午休

第四章 幼儿园的时光

表 4-30 个别化融合教育计划（2021 年 4 月）

个别化融合教育计划					
日期：<u>2021 年 4 月</u>　幼儿姓名：<u>王云溪</u>　教师姓名：<u>程凡　徐芳莉　杨紫薇　李雨晨</u> 融合班级：<u>大一班</u> （关键词：MS= 融入式学习　　ES= 嵌入式学习　　AS= 添加式学习）					
目标代号	目标	幼儿行为表现/现状能力/基本能力	目前的处理方法	可用教学策略	可介入的教育环节
H6-21	单脚原地跳 3 下	云溪扶着教师的手可以快速原地跳 1—2 下，跳第 3 下的时候会站不稳	教师扶着云溪和同伴一起进行单脚原地跳的活动	MS____ ES____ AS__√__ 教师设计游戏"斗鸡"，说："我们一起来玩'斗鸡'，首先单脚站立，然后膝盖朝外轻轻攻击对方，单脚落地的幼儿淘汰。"当云溪可以单脚跳 3 下时，给予鼓励："云溪会和好朋友一起玩'斗鸡'的游戏了。"当云溪做不到时，教师辅助云溪单脚跳。	早锻炼 户外活动
L2-14	会用完整的句子描述生活经验或最近发生的事	说词语或者简单的句子，需要提醒最近发生的事情	语言提醒或者图片提示	MS____ ES____ AS__√__ 设计讲述活动，将云溪的日常生活和最近发生的事情通过图片的形式展示出来，在图书区时请她给小朋友讲述，前期成人可以帮助她将句式完善，让她仿说；后期让她组织语言完整地讲述。	工作 大组活动
L4-10-2	摹画"＋"（直径 5 cm）	会模拟画"○"和横线	动作辅助	MS____ ES____ AS__√__ 教师准备直径 5 cm 的"＋"，让云溪摹画，通过从上到下、从左到右的摹画，进行趣味性的练习，比如从上到下是"小兔子走路吃萝卜"，从左到右是"熊猫吃竹子"等。	工作

幼儿园的美好时光

续表

目标代号	目标	幼儿行为表现/现状能力/基本能力	目前的处理方法	可用教学策略	可介入的教育环节
SC2-3-1	借助实际情景和操作（合并或拿取）理解"+""−"的实际意义	云溪知道手里有1个橘子，再拿1个橘子是2个橘子，但是不理解是多了，不会列加法算式	教师引导云溪用三句话说出"我有1个橘子，老师又给我1个橘子，一共是2个橘子"。	MS＿＿＿＿ ES＿＿＿＿ AS＿√＿ 教师给幼儿准备足够数量的加餐，请幼儿根据自己的需求自取接下来的加餐："小朋友们，你们要用三句话表示自己拿的加餐哦！"当云溪能和同伴一起说出"我手里有1个××，又拿了××个，现在是××个"时，给予鼓励："云溪说对了，请吃加餐。"	工作
A1-3-10	会剪贴出简单的物像	可以剪出简单的房顶，在老师的引导下进行粘贴	教师利用视觉提示让云溪根据步骤进行操作	MS＿＿＿＿ ES＿＿＿＿ AS＿√＿ 教师提供剪贴图片的步骤图，告诉云溪："我们一起来做剪贴画吧。"当云溪剪贴出对应的图片时，给予鼓励："我们一起给小朋友分享一下你的作品吧。"当云溪没有完成时，教师引导云溪参照步骤图进行制作。	工作

表 4-31 个别化融合教育计划（2021 年 5 月）

个别化融合教育计划
日期：<u>2021 年 5 月</u>　幼儿姓名：<u>王云溪</u>　教师姓名：<u>程凡　徐芳莉　杨紫薇　李雨晨</u> 融合班级：<u>大一班</u> （关键词：MS= 融入式学习　ES= 嵌入式学习　AS= 添加式学习）

目标代号	目标	幼儿行为表现/现状能力/基本能力	目前的处理方法	可用教学策略	可介入的教育环节
H6-80	连续3次跳过慢慢左右摇摆的绳	会双脚跳过在地面上的绳子	教师慢慢摇动绳子，请云溪每次跳一下	MS＿＿＿　ES＿＿＿　AS＿√＿ 教师边喊口号"荡——荡——荡秋千，一荡荡到天边边"，边摇绳子。请幼儿跳过慢慢左右摇摆的绳子，当云溪能连续跳过3下时，给予鼓励："云溪会跳绳了。"	早锻炼 户外活动
L4-10-1	摹画"△"	会模拟画"○""+"	在描红本上摹画"△"	MS＿＿＿　ES＿√＿　AS＿＿＿ 教师准备好半成品盘子，并对云溪说："云溪，我们一起画三角形的饼干吧。"当云溪会摹画"△"时，给予鼓励："云溪画的'△'饼干真好吃。"	工作 小组活动
S3-4	奏国歌、升国旗时能自动站好	经提醒能注视国旗和站好，但会被其他事物吸引而离开	老师语言提醒	MS＿＿＿　ES＿＿＿　AS＿√＿ 设计升旗活动，让云溪知道奏国歌、升国旗是庄严的事情，需要行注目礼和站好，当云溪能做到时，及时鼓励；做不到时，成人或同伴及时提醒云溪，不断让她自己主动做到。	早入园 大组活动

幼儿园的美好时光

续表

目标代号	目标	幼儿行为表现/现状能力/基本能力	目前的处理方法	可用教学策略	可介入的教育环节
S5-13	做了错事敢于承认，不说谎	云溪会经常用同伴不喜欢的方式给同伴打闹，并先报告老师："××打我。"	教师引导云溪主动帮助同伴、用同伴喜欢的方式一起游戏	MS_____ ES_____ AS__√__ 教师组织班会活动"如何正确与同伴相处"，引导幼儿讲出"用别人喜欢的方式游戏"，当云溪不小心碰到别人，并不撒谎主动道歉时，给予鼓励："云溪是一位诚实的好孩子，我们都喜欢你。"	跨情境
SC2-3-1	借助实际情景和操作（合并或拿取）理解"＋""－"的实际意义	在取加餐的时候，云溪会点数自己有几个加餐并说出总数，不理解"＋""－"的实际意义，会随口说出多了、少了	教师告诉云溪有1个草莓，再拿1个草莓，就代表多	MS_____ ES_____ AS__√__ 教师给云溪准备1个加餐，请云溪根据自己的需求取接下来的加餐。"云溪，你有1个加餐，又拿了××个，是多了还是少了？"当云溪知道"＋"代表多时，给予鼓励："云溪说对了，快吃加餐吧。"	工作衔接 小组活动

表 4-32 个别化融合教育计划（2021 年 6 月）

个别化融合教育计划				
日期：2021 年 6 月　　幼儿姓名：王云溪　　教师姓名：程凡　徐芳莉　杨紫薇　李雨晨 融合班级：大一班 （关键词：MS= 融入式学习　　ES= 嵌入式学习　　AS= 添加式学习）				
目标代号	目标	幼儿行为表现/现状能力/基本能力	目前的处理方法	可用教学策略	可介入的教育环节
H6-21	单脚原地跳 3 下	能跳 2 下，第 3 下脚会放下	教师在旁边提醒云溪跳的数量，并保护云溪的安全	MS＿＿＿　ES＿＿＿　AS＿√＿ 教师准备飞盘，请云溪单脚站在纸盘上告诉她："云溪，我们一起在纸盘上单脚跳，比一比谁跳得多！"当云溪挑战成功时，给予鼓励："云溪挑战成功，击掌。"	早锻炼 户外活动
H6-80	连续 3 次跳过慢慢左右摇摆的绳	能跳过 3 cm 左右摇摆的绳子 1 次	教师慢慢摇动 3 cm 高的绳子，请云溪每次跳 1—2 下	MS＿＿＿　ES＿＿＿　AS＿√＿ 教师边喊口号"荡——荡——荡秋千，一荡荡到天边边"，边摇绳子，请云溪跳过慢慢左右摇摆的绳子。当云溪跳过 3 下晃动的绳子时，给予鼓励："云溪跳过了 3 次，有进步呢。"	早锻炼 户外活动
S5-13	做了错事敢于承认，不说谎	云溪会经常用同伴不喜欢的方式和同伴打闹，并先报告老师："××打我。"	教师引导云溪主动帮助同伴，鼓励云溪和小朋友用正确的方式游戏	MS＿＿＿　ES＿＿＿　AS＿√＿ 教师组织活动"我是诚实小宝宝"，请小朋友充当监督员，当云溪能不撒谎承认错误时，给予鼓励"云溪是一位诚实的好孩子"，并请小朋友为云溪点赞。	跨情境

幼儿园的美好时光

续表

目标代号	目标	幼儿行为表现/现状能力/基本能力	目前的处理方法	可用教学策略	可介入的教育环节
SC2-3-1	借助实际情景和操作（合并或拿取）理解"＋""－"的实际意义	结合取加餐能理解"＋"的含义	教师利用吃加餐，帮助云溪理解"－"的意义	MS_____ES_____AS__√__ 教师准备5以内数量的加餐，请云溪给小朋友分加餐："云溪，你有×盘加餐，减1盘，你的加餐多了还是少了？"当云溪知道"－"代表少时，给予鼓励："回答正确，击掌。"	衔接
CL5-2-8	愿意当值日生，会协助教保人员收拾餐具，清理桌面、地面	愿意帮助别人，能简单清理桌面，不会清扫地面。	此目标未进行练习	MS_____ES_____AS__√__ 设计"值日小担当"活动，前期先请云溪和同伴一起协作完成，成人根据完成的情况进行支持；后期熟练后请云溪来当值日生把任务完成，不断掌握能力。	衔接

8. 添加式学习曲线图（如图 4-98 至图 4-117 所示）

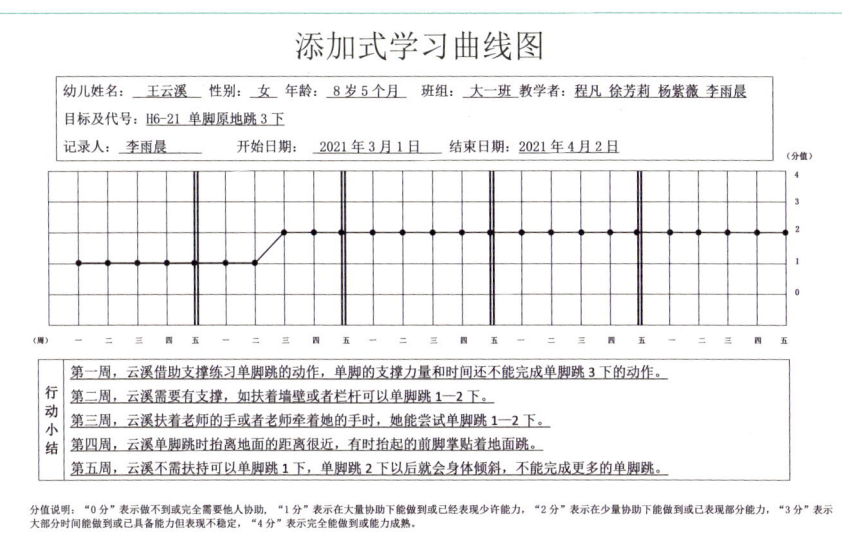

图 4-98　单脚原地跳 3 下（3 月）

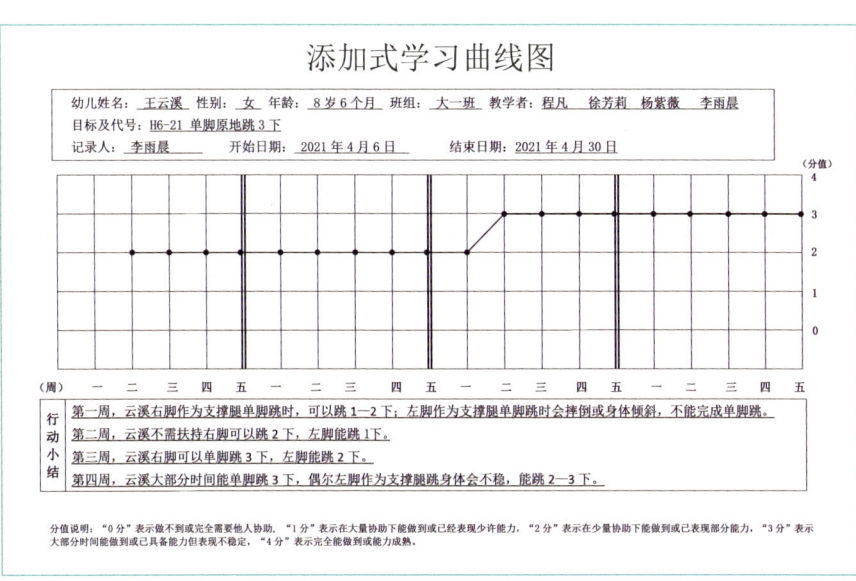

图 4-99　单脚原地跳 3 下（4 月）

幼儿园的美好时光

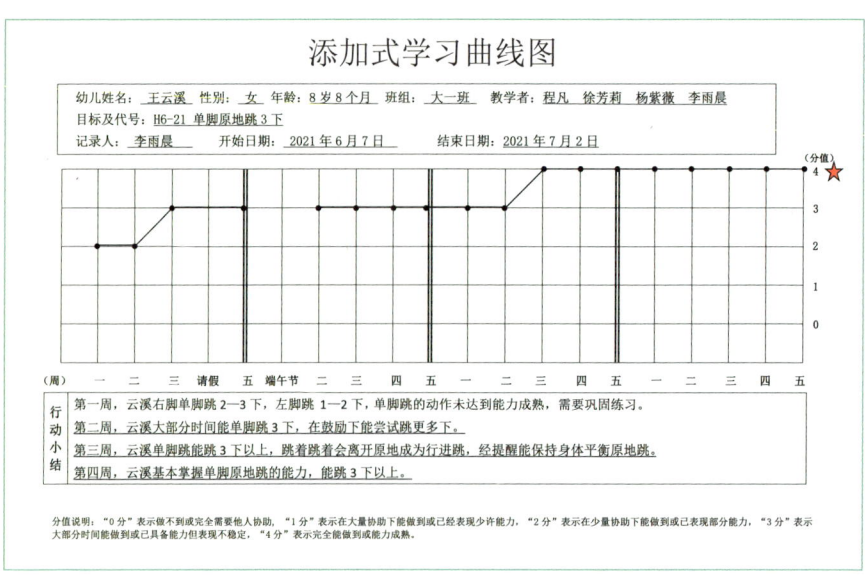

图 4-100　单脚原地跳 3 下（6 月）

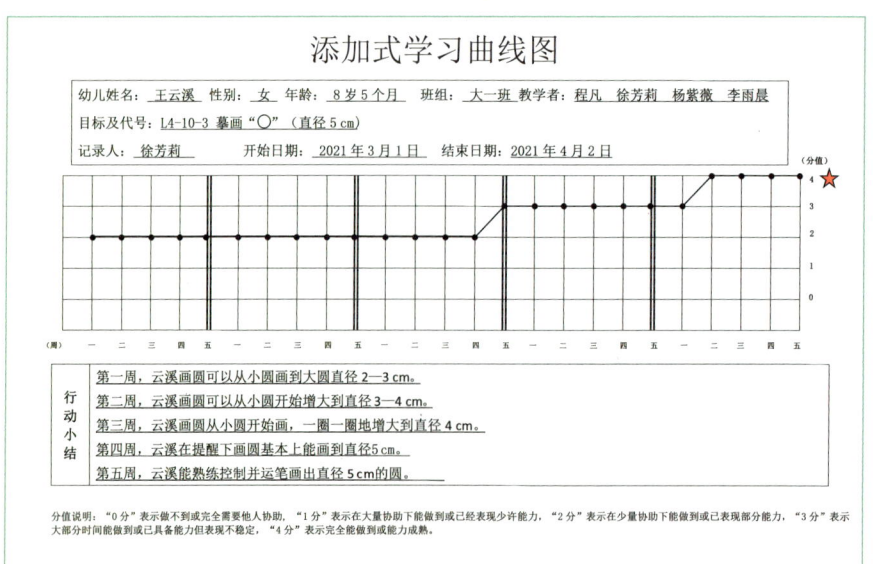

图 4-101　摹画"○"（直径 5 cm）（3 月）

第四章 幼儿园的时光

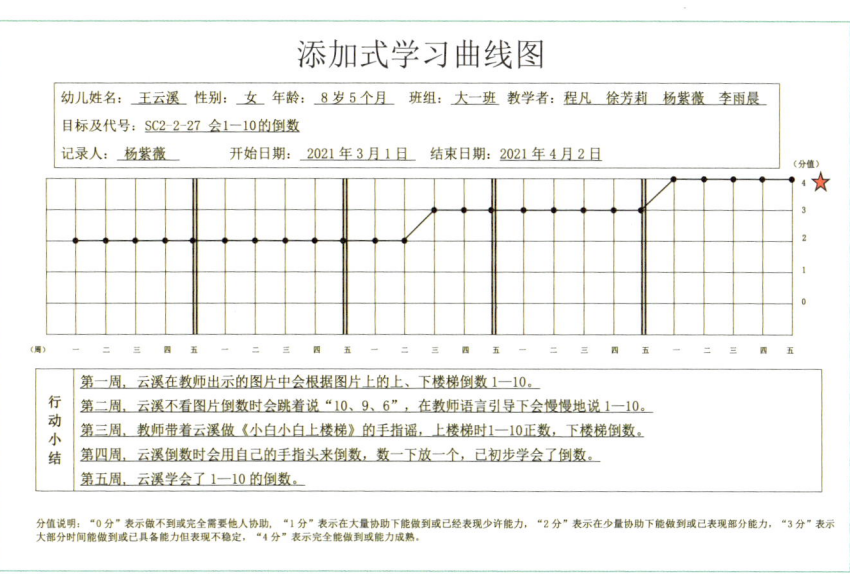

图 4-102 会 1—10 的倒数（3 月）

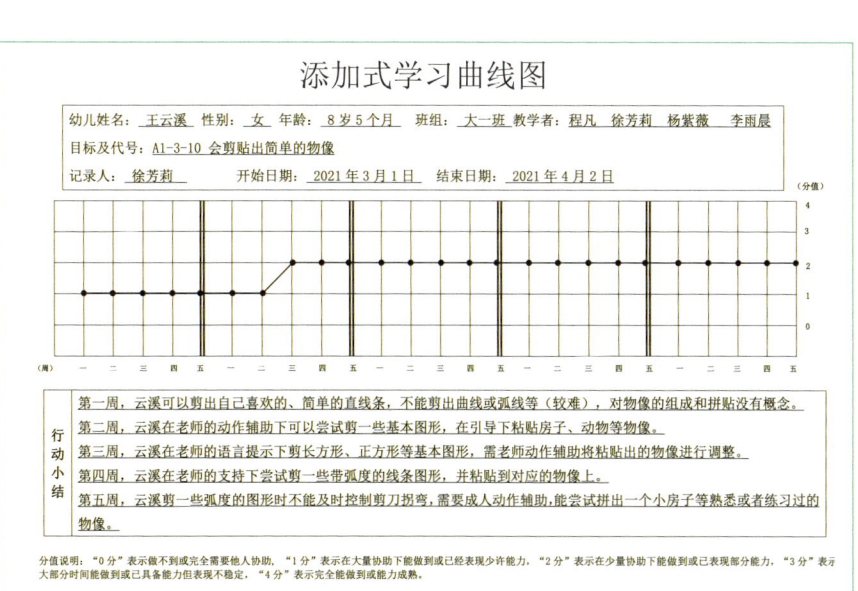

图 4-103 会剪贴出简单的物像（3 月）

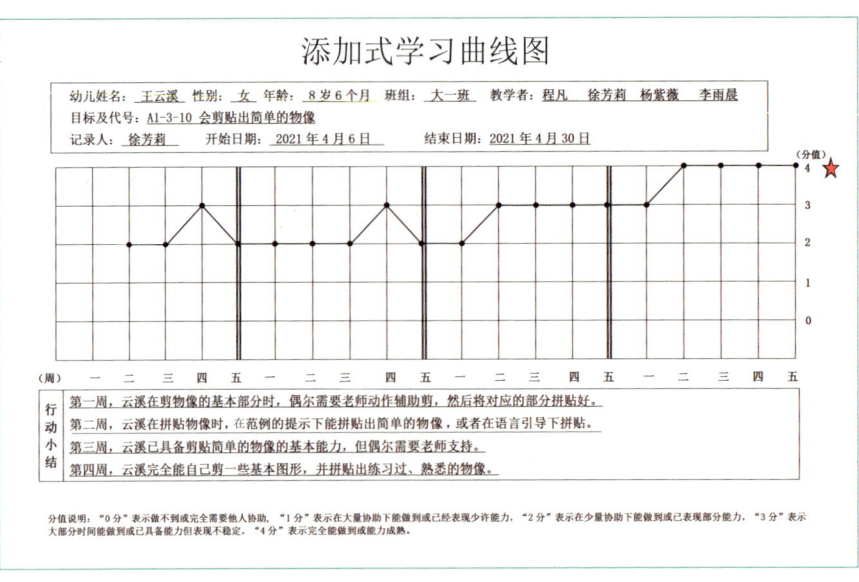

图 4-104　会剪贴出简单的物像（4月）

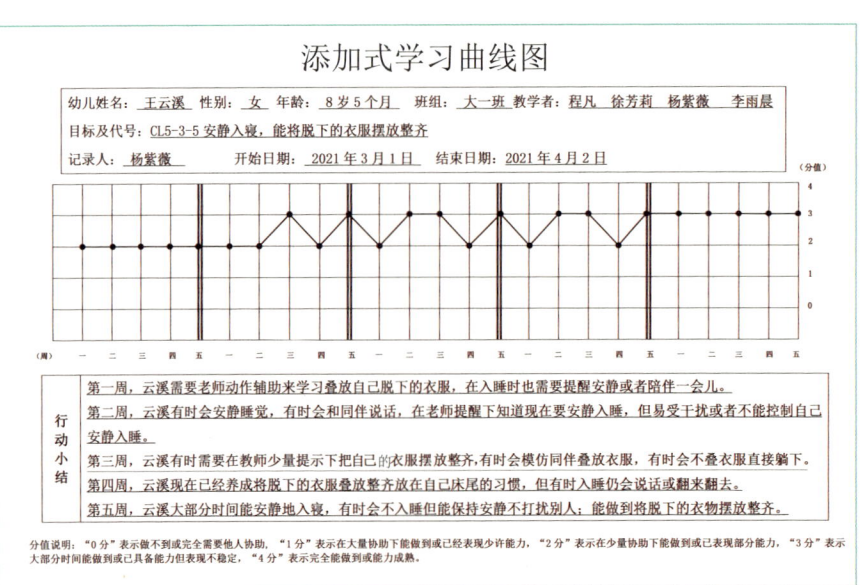

图 4-105　安静入寝，能将脱下的衣服摆放整齐（3月）

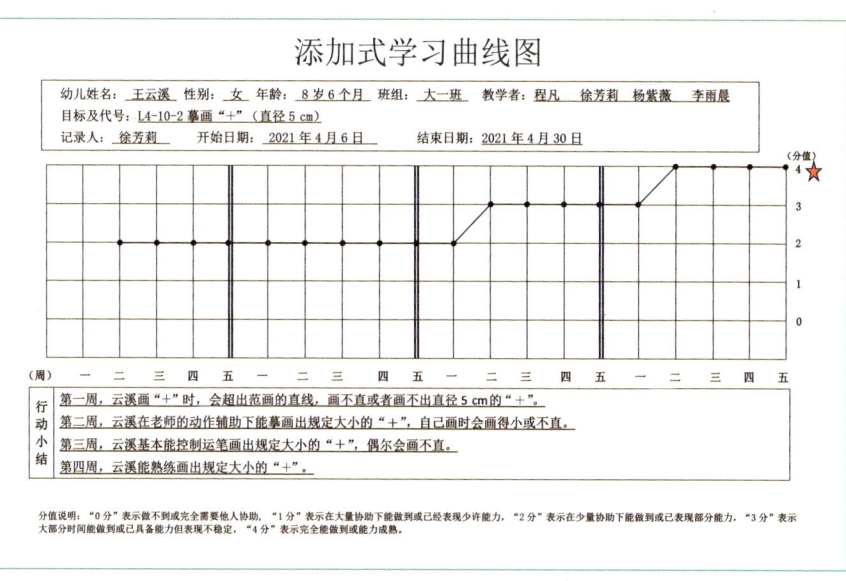

图4-106　摹画"+"（直径5 cm）（4月）

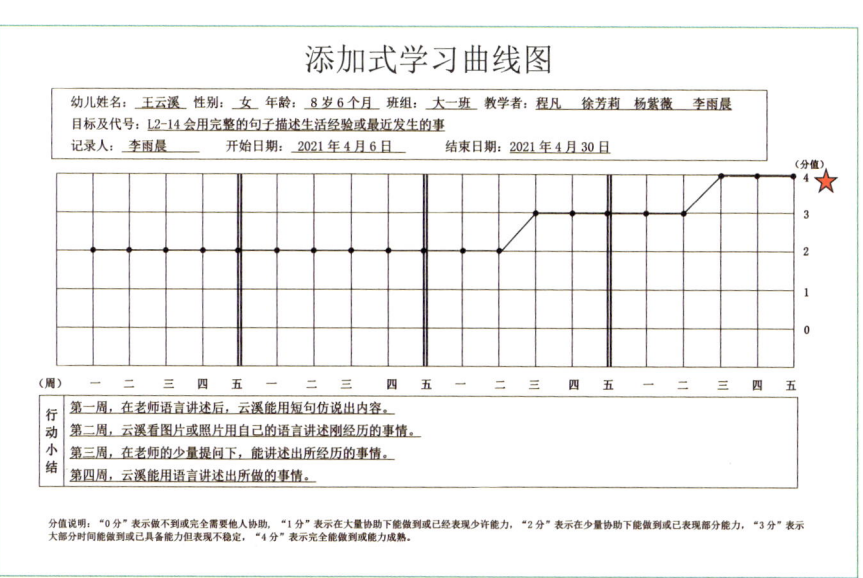

图4-107　会用完整的句子描述生活经验或最近发生的事（4月）

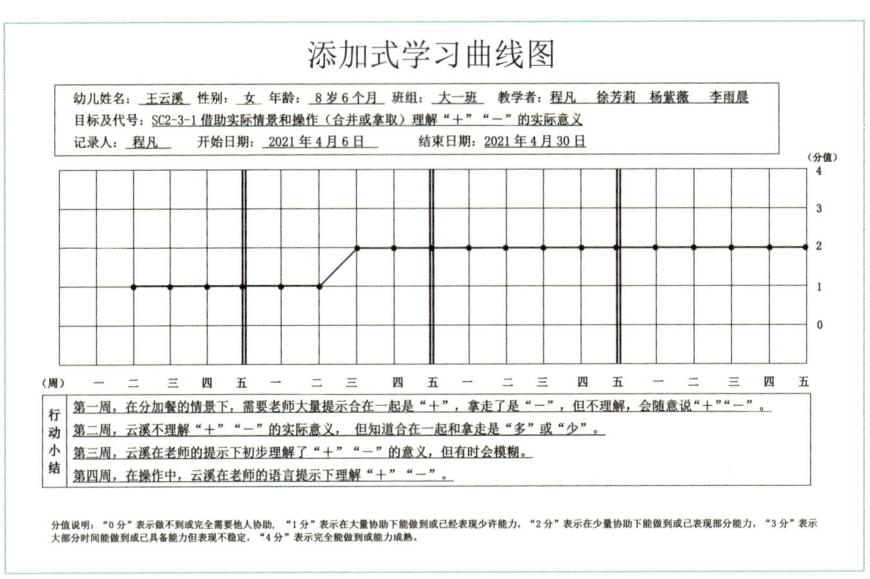

图 4-108　借助实际情景和操作（合并或拿取）理解"＋""－"的实际意义（4月）

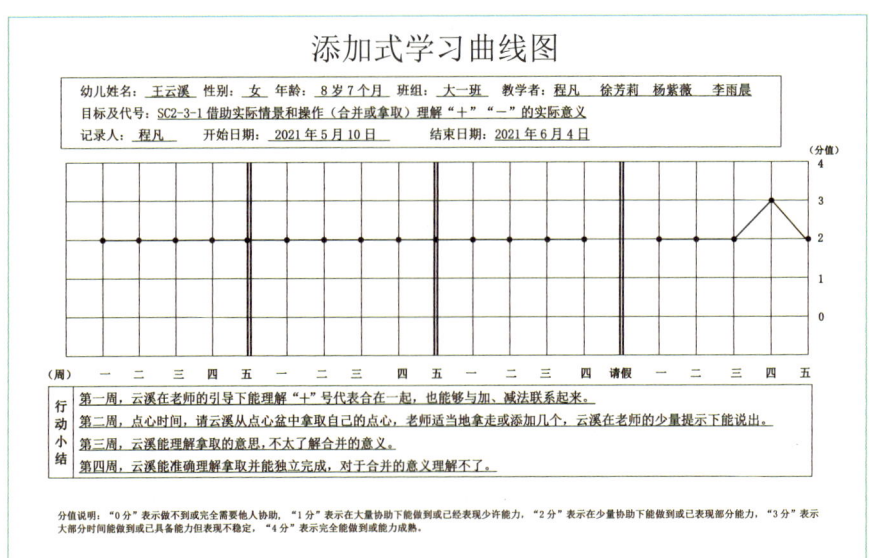

图 4-109　借助实际情景和操作（合并或拿取）理解"＋""－"的实际意义（5月）

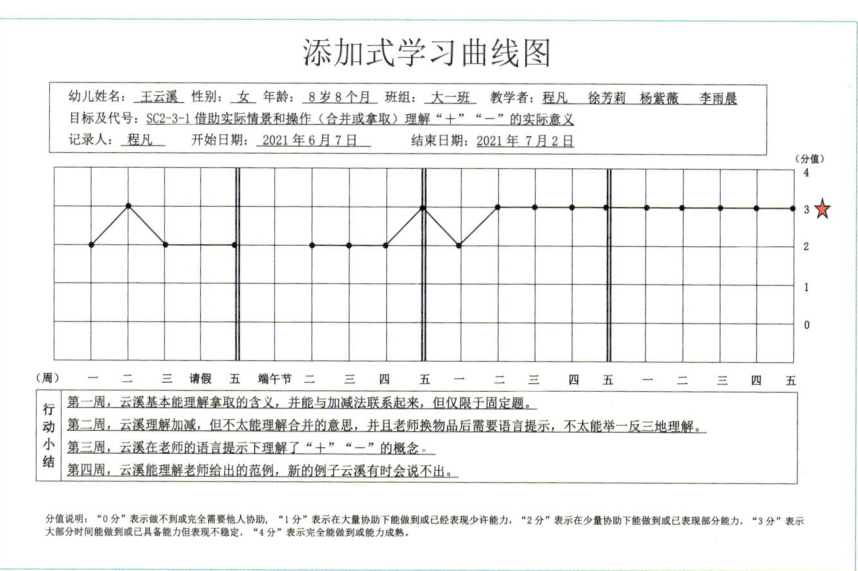

图 4-110 借助实际情景和操作（合并或拿取）理解 "＋" "－" 的实际意义（6月）

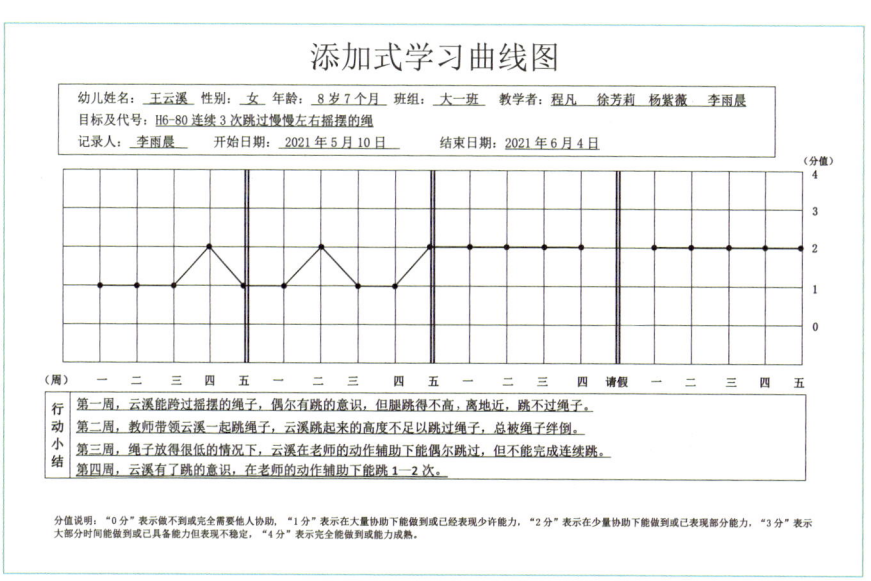

图 4-111 连续 3 次跳过慢慢左右摇摆的绳（5月）

幼儿园的美好时光

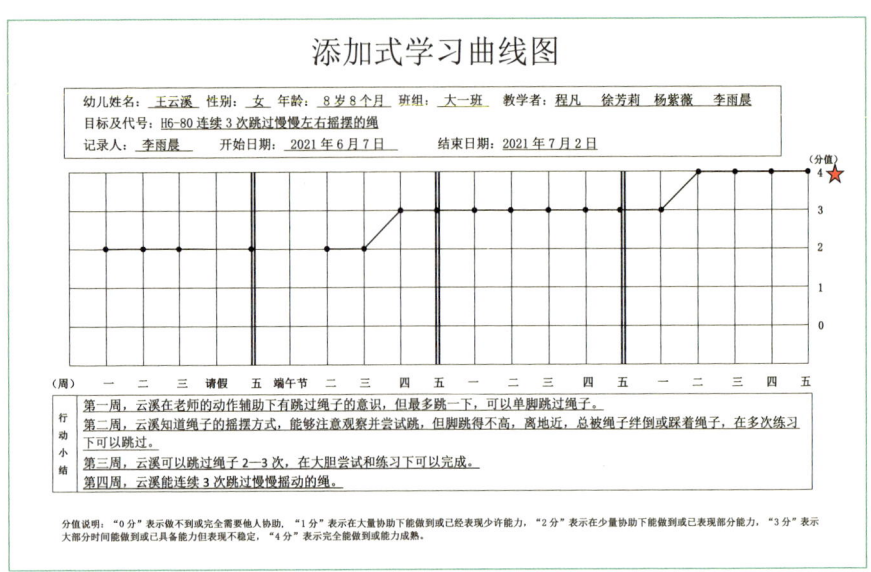

图 4-112　连续 3 次跳过慢慢左右摇摆的绳（6月）

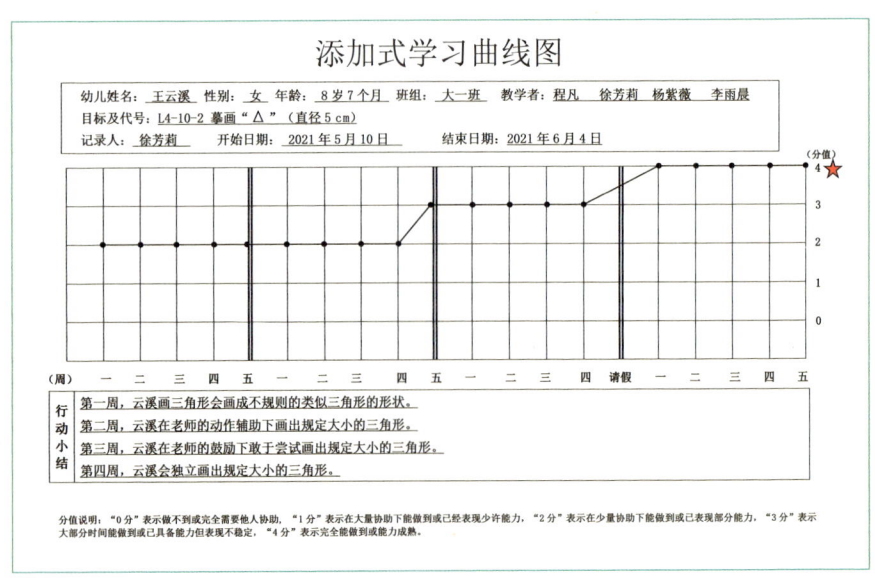

图 4-113　摹画"△"（直径 5 cm）（5月）

第四章 幼儿园的时光

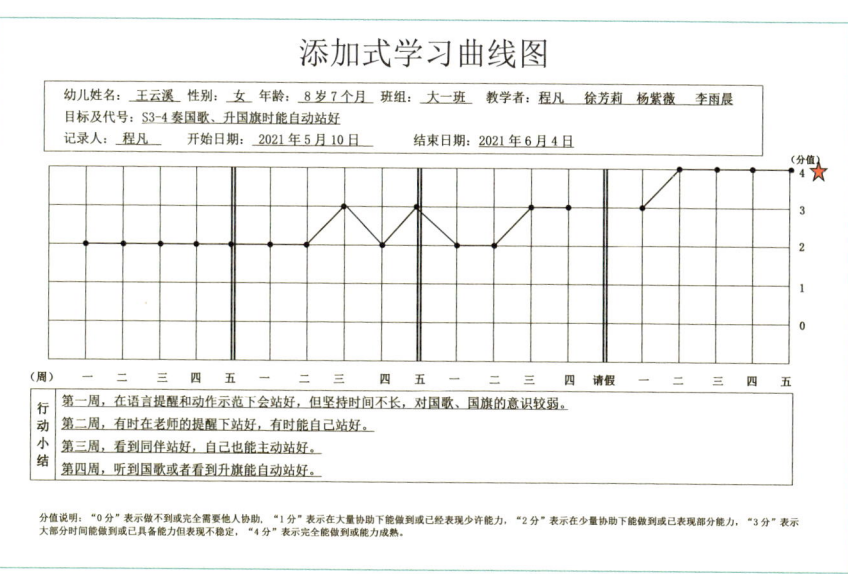

图4-114 奏国歌、升国旗时能自动站好（5月）

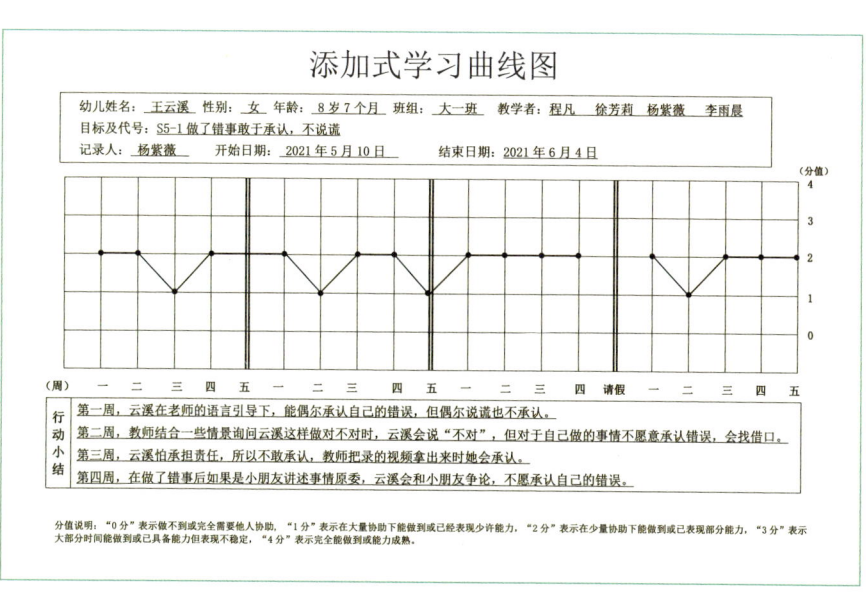

图4-115 做了错事敢于承认，不说谎（5月）

幼儿园的美好时光

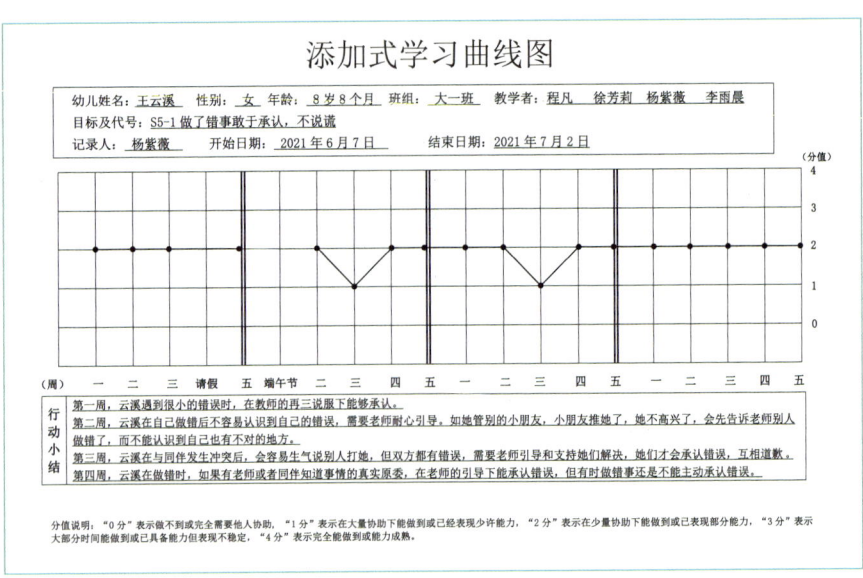

图 4-116　做了错事敢于承认，不说谎（6月）

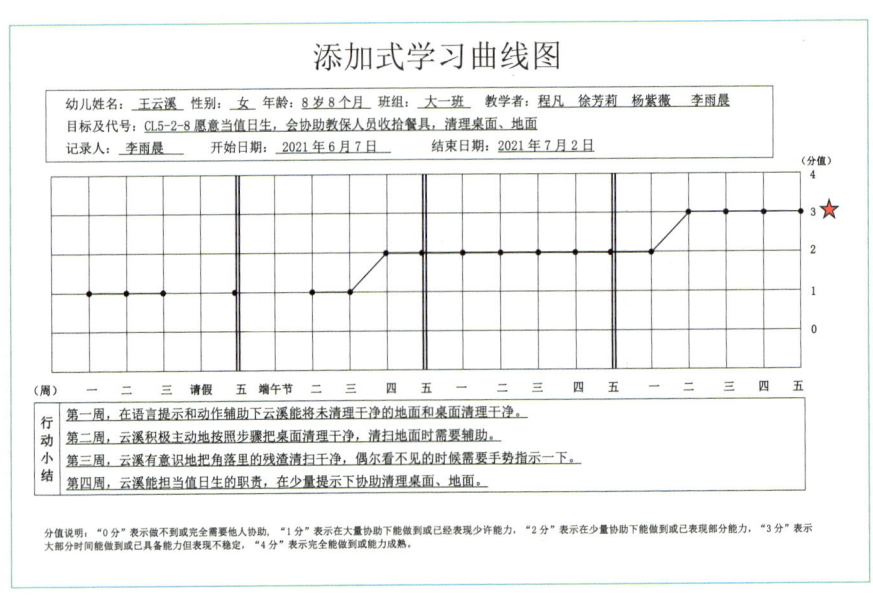

图 4-117　愿意当值日生，会协助教保人员收拾餐具，清理桌面、地面（6月）

9. 周评鉴工作表（如表 4-33 至表 4-40 所示）

表 4-33　周评鉴工作表

周评鉴工作表			
日　　期：<u>2021 年 3 月 1 日—2021 年 3 月 12 日</u>　　所在班组：<u>大一班</u> 教师姓名：　<u>程凡　徐芳莉　杨紫薇　李雨晨</u>　　幼儿姓名：<u>王云溪</u>			
目标代号	目标行为	情况分析	周评鉴资料	策略调整
H6-21	单脚原地跳 3 下	云溪需要有支撑，如扶着墙壁或者栏杆可以单脚跳 1—2 下。	次数：<u>20</u> 文字记录：<u>√</u> 作品：_____ 图表记录：<u>√</u>	计划可行吗 （☑ 是 □ 否） 如何调整：
L4-10-3	摹画"○"（直径 5 cm）	云溪画圆可以从小圆开始增大到直径 3—4 cm。	次数：<u>10</u> 文字记录：<u>√</u> 作品：<u>√</u> 图表记录：<u>√</u>	计划可行吗 （☑ 是 □ 否） 如何调整：
SC2-2-27	会倒数 1—10	云溪不看图片倒数时会跳着说"10、9、6"，在教师语言引导下会慢慢地说 1—10。	次数：<u>20</u> 文字记录：<u>√</u> 作品：_____ 图表记录：<u>√</u>	计划可行吗 （☑ 是 □ 否） 如何调整：
A1-3-10	会剪贴出简单的物像	云溪在老师的动作辅助下可以尝试剪一些基本图形，在引导下粘贴房子、动物等物像。	次数：<u>15</u> 文字记录：<u>√</u> 作品：<u>√</u> 图表记录：<u>√</u>	计划可行吗 （☑ 是 □ 否） 如何调整：
CL5-3-5	安静入寝，能将脱下的衣服摆放整齐	云溪有时会安静睡觉，有时会和同伴说话，在老师提醒下知道现在要安静入睡，但易受干扰或者不能控制自己安静入睡。	次数：<u>10</u> 文字记录：<u>√</u> 作品：_____ 图表记录：<u>√</u>	计划可行吗 （☑ 是 □ 否） 如何调整：

表 4-34　周评鉴工作表

周评鉴工作表			
日　　期：2021年3月15日—2021年4月2日　　所在班组：大一班 教师姓名：程凡　徐芳莉　杨紫薇　李雨晨　　幼儿姓名：王云溪			
目标代号	目标行为	情况分析	周评鉴资料	策略调整
H6-21	单脚原地跳3下	云溪不需扶持可以单脚跳1下，单脚跳2下以后就会身体倾斜，不能完成更多的单脚跳。	次数：20 文字记录：√ 作品：＿＿ 图表记录：√	计划可行吗 （□是 ☑否） 如何调整： 教师动作辅助，或者让她扶着墙壁练习
L4-10-3	摹画"○"（直径5 cm）	云溪能熟练控制并运笔画出直径5 cm的"○"。	次数：10 文字记录：√ 作品：√ 图表记录：√	计划可行吗 （☑是 □否） 如何调整：
SC2-2-27	会倒数1—10	云溪学会了1—10的倒数。	次数：20 文字记录：√ 作品：＿＿ 图表记录：√	计划可行吗 （☑是 □否） 如何调整：
A1-3-10	会剪贴出简单的物像	云溪剪一些弧度的图形时不能及时控制剪刀拐弯，需要成人动作辅助，能尝试拼出一个小房子等熟悉或者练习过的物像。	次数：15 文字记录：√ 作品：√ 图表记录：√	计划可行吗 （☑是 □否） 如何调整：
CL5-3-5	安静入寝，能将脱下的衣服摆放整齐	云溪大部分时间能安静地入寝，有时会不入睡，但能保持安静不打扰别人；能做到将脱下的衣物摆放整齐	次数：10 文字记录：√ 作品：＿＿ 图表记录：√	计划可行吗 （☑是 □否） 如何调整：

表 4-35　周评鉴工作表

周评鉴工作表			
日　　期：2021年4月6日—2021年4月16日　　所在班组：大一班 教师姓名：程凡　徐芳莉　杨紫薇　李雨晨　　幼儿姓名：王云溪			
目标代号	目标行为	情况分析	周评鉴资料	策略调整
H6-21	单脚原地跳3下	云溪不需扶持右脚可以跳2下，左脚能跳1下。	次数：20 文字记录：√ 作品：＿＿ 图表记录：√	计划可行吗 （☑是 □否） 如何调整：
L2-14	会用完整的句子描述生活经验或最近发生的事	云溪看图片或照片用自己的语言讲述刚经历的事情。	次数：20 文字记录：√ 作品：＿＿ 图表记录：√	计划可行吗 （☑是 □否） 如何调整：
L4-10-2	摹画"＋"（直径5 cm）	云溪在老师的动作辅助下能摹画出规定大小的"＋"，自己画时会画得小或不直。	次数：10 文字记录：√ 作品：√ 图表记录：√	计划可行吗 （☑是 □否） 如何调整：
SC2-3-1	借助实际情景和操作（合并或拿取）理解"＋""－"的实际意义	云溪不理解"＋""－"的实际意义，但知道合在一起和拿走是"多"或"少"。	次数：20 文字记录：√ 作品：＿＿ 图表记录：√	计划可行吗 （☑是 □否） 如何调整：
A1-3-10	会剪贴出简单的物像	云溪在拼贴物像时，在范例的提示下能拼贴出简单的物像，或者在语言引导下拼贴。	次数：10 文字记录：√ 作品：√ 图表记录：√	计划可行吗 （☑是 □否） 如何调整：

表 4-36　周评鉴工作表

周评鉴工作表			
日　　期：2021 年 4 月 19 日—2021 年 4 月 30 日　　所在班组：大一班 教师姓名：　程凡　徐芳莉　杨紫薇　李雨晨　　幼儿姓名：王云溪			
目标代号	目标行为	情况分析	周评鉴资料	策略调整
H6-21	单脚原地跳 3 下	云溪大部分时间能单脚跳 3 下，偶尔左脚作为支撑腿跳身体会不稳，能跳 2—3 下。	次数：20 文字记录：√ 作品：____ 图表记录：√	计划可行吗 （☑是 □否） 如何调整：
L2-14	会用完整的句子描述生活经验或最近发生的事	云溪能用语言讲述出所做的事情。	次数：20 文字记录：√ 作品：____ 图表记录：√	计划可行吗 （☑是 □否） 如何调整：
L4-10-2	摹画"＋"（直径 5 cm）	云溪能熟练画出规定大小的"＋"。	次数：10 文字记录：√ 作品：√ 图表记录：√	计划可行吗 （☑是 □否） 如何调整：
SC2-3-1	借助实际情景和操作（合并或拿取）理解"＋""－"的实际意义	在操作中，云溪在老师的语言提示下理解"＋""－"。	次数：20 文字记录：√ 作品：____ 图表记录：√	计划可行吗 （☑是 □否） 如何调整：
A1-3-10	会剪贴出简单的物像	云溪完全能自己剪一些基本图形，并拼贴出练习过、熟悉的物像。	次数：10 文字记录：√ 作品：√ 图表记录：√	计划可行吗 （☑是 □否） 如何调整：

表 4-37　周评鉴工作表

周评鉴工作表				
日　　期：2021年5月6日—2021年5月16日　　所在班组：大一班 教师姓名：程凡　徐芳莉　杨紫薇　李雨晨　　幼儿姓名：王云溪				
目标代号	目标行为	情况分析	周评鉴资料	策略调整
H6-80	连续3次跳过慢慢左右摇摆的绳	教师带领云溪一起跳绳子，云溪跳起来的高度不足以跳过绳子，总被绳子绊倒。	次数：20 文字记录：✓ 作品：＿＿ 图表记录：✓	计划可行吗 (☑是 □否) 如何调整：
L4-10-3	摹画"△"（直径5 cm）	云溪在老师的动作辅助下画出规定大小的三角形。	次数：20 文字记录：✓ 作品：✓ 图表记录：✓	计划可行吗 (☑是 □否) 如何调整：
S3-4	奏国歌、升国旗时能自动站好	有时在老师的提醒下站好，有时能自己站好。	次数：10 文字记录：✓ 作品：＿＿ 图表记录：✓	计划可行吗 (☑是 □否) 如何调整：
S5-13	做了错事敢于承认，不说谎	教师结合一些情景询问云溪这样做对不对时，云溪会说"不对"，但对于自己做的事情不愿意承认错误，会找借口。	次数：16 文字记录：✓ 作品：＿＿ 图表记录：✓	计划可行吗 (☑是 □否) 如何调整：
SC2-3-1	借助实际情景和操作（合并或拿取）理解"＋""－"的实际意义	点心时间，请云溪从点心盆中拿取自己的点心，老师适当地拿走或添加几个，云溪在老师的少量提示下能说出。	次数：10 文字记录：✓ 作品：＿＿ 图表记录：✓	计划可行吗 (☑是 □否) 如何调整：

表 4-38　周评鉴工作表

周评鉴工作表			
日　　　期：2021年5月17日—2021年5月31日　　　所在班组：大一班 教师姓名：　程凡　徐芳莉　杨紫薇　李雨晨　　　　　幼儿姓名：王云溪			
目标代号	目标行为	情况分析	周评鉴资料	策略调整
H6-80	连续3次跳过慢慢左右摇摆的绳	云溪会自己穿外套的一只袖子，穿另一只袖子时需要老师拿着衣服领口，让云溪的手找到袖洞穿上	次数：20 文字记录：√ 作品：____ 图表记录：√	计划可行吗（☑是□否） 如何调整：
L4-10-3	摹画"△"（直径5 cm）	老师将拉链头装入拉链槽并拉上一小节后，握着云溪的手给其一个向上的力后，云溪能和老师一同将拉链拉上。	次数：20 文字记录：√ 作品：√ 图表记录：√	计划可行吗（☑是□否） 如何调整：
S3-4	奏国歌、升国旗时能自动站好	听到国歌或者看到升旗能自动站好。	次数：10 文字记录：√ 作品：____ 图表记录：√	计划可行吗（☑是□否） 如何调整：
S5-13	做了错事敢于承认，不说谎	在做了错事后如果是小朋友讲述事情原委，云溪会和小朋友争论，不愿承认自己的错误。	次数：16 文字记录：√ 作品：____ 图表记录：√	计划可行吗（□是☑否） 如何调整：教师组织活动"我是诚实小宝宝"，请小朋友充当监督员，当云溪能不撒谎承认错误时，给予鼓励"云溪是一位诚实的好孩子"，并请小朋友为云溪点赞。

续表

目标代号	目标行为	情况分析	周评鉴资料	策略调整
SC2-3-1	借助实际情景和操作（合并或拿取）理解"＋""－"的实际意义	云溪能准确理解拿取并能独立完成，对于合并的意义理解不了。	次数：<u>10</u> 文字记录：<u>√</u> 作品：_____ 图表记录：<u>√</u>	计划可行吗（□是 ☑否） 如何调整：教师按5以内数量加餐，请云溪给小朋友分加餐："云溪，你有×盘加餐，减1盘，你的加餐多了还是少了？"当云溪知道"－"代表少时，给予鼓励："回答正确，击掌。"

表4-39 周评鉴工作表

周评鉴工作表				
日　　期：<u>2021年6月7日—2021年6月18日</u>　　所在班组：<u>大一班</u> 教师姓名：<u>　程凡　徐芳莉　杨紫薇　李雨晨　</u>　幼儿姓名：<u>王云溪</u>				
目标代号	目标行为	情况分析	周评鉴资料	策略调整
H6-80	连续3次跳过慢慢左右摇摆的绳	云溪知道绳子的摇摆方式，能够注意观察并尝试跳，但脚跳得不高，离地近，总被绳子绊倒或踩着绳子，多次练习后可以跳过。	次数：<u>20</u> 文字记录：<u>√</u> 作品：_____ 图表记录：<u>√</u>	计划可行吗 （☑是 □否） 如何调整：
H6-21	单脚原地跳3下	云溪大部分时间能单脚跳3下，在鼓励下能尝试跳更多下。	次数：<u>10</u> 文字记录：<u>√</u> 作品：_____ 图表记录：<u>√</u>	计划可行吗 （☑是 □否） 如何调整：

续表

目标代号	目标行为	情况分析	周评鉴资料	策略调整
SC2-3-1	借助实际情景和操作（合并或拿取）理解"＋""－"的实际意义	云溪理解加减，但不太能理解合并的意思，并且老师换物品后需要语言提示，不太能举一反三地理解。	次数：<u>10</u> 文字记录：<u>✓</u> 作品：____ 图表记录：<u>✓</u>	计划可行吗 （☑是 □否） 如何调整：
S5-13	做了错事敢于承认，不说谎	云溪在自己做错后不容易认识到自己的错误，需要老师耐心引导。如她管别的小朋友，小朋友推她了，她不高兴了，会先告诉老师别人做错了，而不能认识到自己也有不对的地方。	次数：<u>20</u> 文字记录：<u>✓</u> 作品：____ 图表记录：<u>✓</u>	计划可行吗 （☑是 □否） 如何调整：
CL5-2-8	愿意当值日生，会协助教保人员收拾餐具，清理桌面、地面	云溪积极主动地按照步骤把桌面清理干净，清扫地面时需要辅助。	次数：<u>20</u> 文字记录：<u>✓</u> 作品：____ 图表记录：<u>✓</u>	计划可行吗 （☑是 □否） 如何调整：

表 4-40 周评鉴工作表

周评鉴工作表			
日　　期：2021年6月21日—2021年7月2日　　所在班组：大一班 教师姓名：程凡　徐芳莉　杨紫薇　李雨晨　　幼儿姓名：王云溪			
目标代号	目标行为	情况分析	周评鉴资料	策略调整
H6-80	连续3次跳过慢慢左右摇摆的绳	云溪能连续3次跳过慢慢摇摆的绳。	次数：20 文字记录：√ 作品：____ 图表记录：√	计划可行吗 （☑是 □否） 如何调整：
H6-21	单脚原地跳3下	云溪基本掌握单脚原地跳的能力，能跳3下以上。	次数：10 文字记录：√ 作品：____ 图表记录：√	计划可行吗 （☑是 □否） 如何调整：
SC2-3-1	借助实际情景和操作（合并或拿取）理解"＋""－"的实际意义	云溪能理解老师给出的范例，新的例子云溪有时会说不出。	次数：10 文字记录：√ 作品：____ 图表记录：√	计划可行吗 （☑是 □否） 如何调整：
S5-13	做了错事敢于承认，不说谎	云溪在做错时，如果有老师或者同伴知道事情的真实原委，在老师的引导下能承认错误，但有时做错事还是不能主动承认错误，会说谎。	次数：20 文字记录：√ 作品：____ 图表记录：√	计划可行吗 （☑是 □否） 如何调整：
CL5-2-8	愿意当值日生，会协助教保人员收拾餐具，清理桌面、地面	云溪能担当值日生的职责，协助清理桌面、地面。	次数：20 文字记录：√ 作品：____ 图表记录：√	计划可行吗 （☑是 □否） 如何调整：

10. IEP 执行绩效评量（如表 4-41 所示）

表 4-41　IEP 执行绩效评量

IEP 执行绩效评量							
幼儿姓名：<u>王云溪</u>　起止日期：<u>2021 年 3 月—2021 年 6 月</u>							
融合班组：<u>大一班</u>　班组教师：<u>程凡　徐芳莉　杨紫薇　李雨晨</u>							
评量向度	领域						
	健康	语言	社会	科学	艺术	一日生活常规	领域总和
一、目标执行率							
A. 执行目标数量	2	3	2	2	1	2	12
B. 制定目标总数	2	3	2	2	1	2	12
执行率 =A÷B×100%	100%	100%	100%	100%	100%	100%	100%
二、半年目标达标率（1 个目标计 1 分，超额完成加 1 分。C=1 分 X 完成目标数量，D=1 分 XB）							
C. 执行目标（期末表现）总分	8	12	6	7	4	6	43
D. 执行目标（预期表现）总分	7	12	7	7	4	7	44
半年达标率 =C÷D×100%	114%	100%	85.7%	100%	100%	85.7%	97%
评　语	本学期为云溪制定的健康、语言、科学、艺术和幼小衔接的目标全部完成，只是社会中的行为规范和一日生活常规中的收拾整理和自我服务意识需要继续练习。 评量人：<u>朱秀花</u>　评量时间：<u>2021.7</u>						

（三）我的朋友们

大家都知道，踩高跷我学了好长好长时间的。雨墨还是不放心，老是检查一遍又一遍的，确定没有什么问题后，才在一边看我走（如图 4-118 所示）。

第四章　幼儿园的时光

图 4-118　雨墨教我踩高跷

做一个好妈妈，是我的"执念"（老师说的），什么"执念"不"执念"的，我就是爱娃娃，就是想当个好妈妈。在幼儿园里，很多时候我都是选择去"娃娃家"，在这儿陪我的娃娃，给它做好吃的（如图 4-119 所示）。

图 4-119　我的"执念"

下雨了，老师用衣服做成"伞"，叫大家去躲雨。我看人太多，"伞"太小，就转身找别的地方躲雨。走到一边，我扭头看了看，我觉得那更像是一个鸡妈妈在护着她的小鸡娃呢！最后，我又跑了回去，钻到老师背后的衣服下了。（如图 4-120 所示）

图 4-120　躲雨

再次到农场游学，虽然长大了一岁，可我的胆子还是很小。小伙伴们撵鸡、抓鸡，我远远地跟在后面看，最后，理理抓住一只鸡，抱过来让我抱抱，我还是不敢，在老师的鼓励和帮助下，我摸了摸鸡，它的毛好光滑（如图 4-121 所示）！农场里有好多好东西，看，我们老师抱着的大南瓜，那是农场里的人送给我们的呢（如图 4-122 所示）！

第四章 幼儿园的时光

图 4-121 我"不"怕

图 4-122 开心的农场游学

贝贝是我到幼儿园交的第一个好朋友，我们俩是"不打不相识"。那天，她在前面挡住了我的路，我拍拍她的肩，她大声给老师告状：

"老师,她打我!"老师过来拉着我俩的手说:"我看到了,云溪只是想叫你给她让让路,对吧,云溪?"我点点头。老师又说:"贝贝,云溪,你们一定会做好朋友的!"果然,我们成了最好最好的朋友(如图 4-123、图 4-124 所示)。现在,我们就要分别了……能不毕业吗?毕业真不好。

图 4-123 我的第一个好朋友 1

图 4-124 我的第一个好朋友 2

小伙伴们有的自己吊到攀爬架上,有的在别人帮助下也吊上去了,我也想上去。试了几试,一用力,我吊上去啦(如图4-125所示)!墩墩说我要是没力气了,他可以抱住我,我差点松开手给他打"不"的手势呢,好险,还好老师把我抱下来了。再练练,我也能像小猴子那样吊在那走呢!

图4-125 我又掌握了新本领

我的小车一骑出来,小客人都争着要坐呢!真的,我能又快又稳地把客人送到目的地(如图4-126所示)。不过,我还是要练练,把我的广告做好。我会对我的每一位客人说:"欢——迎——乘——坐——云——溪——的——车!"

图 4-126 欢迎乘坐云溪的车

每次游学,我总是得到小伙伴们的关心和帮助。爸爸老说"朋友多,路好走",真的是呀,你看那么难走的石头路,在好朋友的帮助下,我也走过去了呢(如图 4-127 所示)。

图 4-127 朋友多,路好走

我都跟老师一块去超市买过东西了,走的还是无人通道,自助结账呢!"娃娃家""超市"里的小买卖难不住我!伍圆钱分分钟花完,买了一大堆东西,哈哈(如图 4-128 所示)!

图 4-128　过家家

我有和 Kay 一样的老外朋友 Annie 和 Liz(如图 4-129、图 4-130 所示)。我爱我的老外朋友,她们也爱我!

图 4-129　跟 Annie 老师玩皮球

幼儿园的美好时光

图 4-130　和 Liz 老师一起画画

邓猛伯伯是为幼儿园带来了衣恋集善融合教育试验点项目的人，还是我的好朋友。每次来幼儿园，他都会陪我看绘本、给我讲故事……告诉你，我能在一大群人里一眼盯住他，这样伯伯就能感觉到我的目光，快步走向我，抱抱我，然后说忙完了就来跟我玩（如图 4-131 所示）。

图 4-131　我的好朋友邓猛伯伯

毕业啦！

再见，亲爱的小朋友们！

第四章 幼儿园的时光

再见，亲爱的老师们！

再见，让我度过美好时光的奇色花福利幼儿园！（如图4-132到图4-135所示）

图4-132 我的毕业照

图4-133 我的幼儿园毕业证

幼儿园的美好时光

图 4-134　我在幼儿园的最后一场演出

图 4-135　再见，我的朋友们

（四）我的作品（如图 4-136 到图 4-143 所示）

图 4-136　妈妈说皮变得有点黑的香蕉最甜

图 4-137　树上有许多红苹果，一个一个摘下来

幼儿园的美好时光

图 4-138 给我会唱歌的布娃娃画了一个家

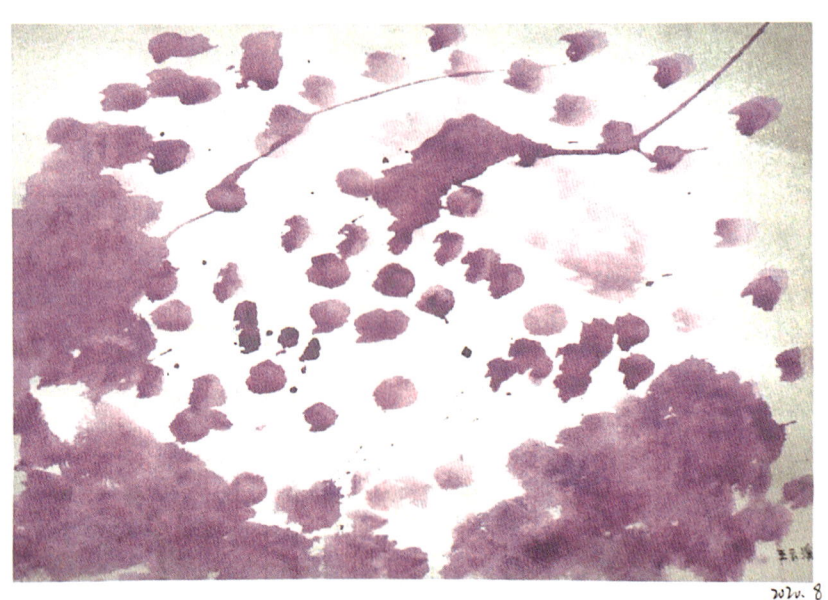

图 4-139 画画不只用笔，报纸揉成团也能作画

第四章 幼儿园的时光

图 4-140 沙画脸谱

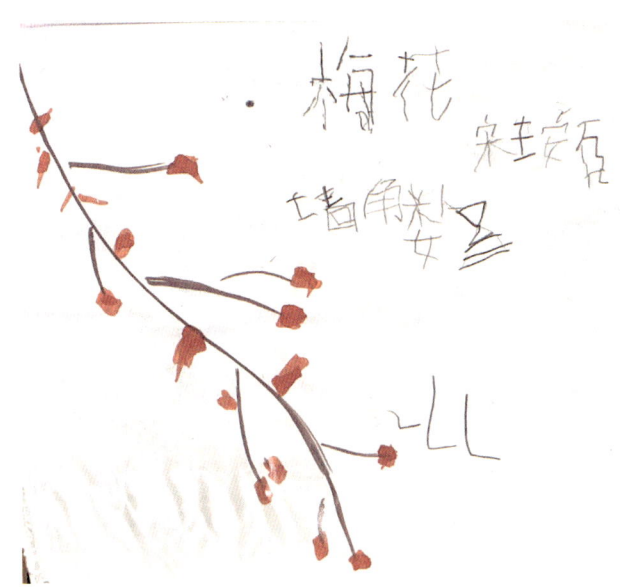

图 4-141 我会画花儿，还会画字儿

第五章 | 你们还好吗？我……还好！

每种色彩都应该盛开
别让阳光背后只剩下黑白
每一个人都有权利期待
爱放在手心跟我来
这是最好的未来
我们用爱筑造完美现在
千万溪流汇聚成大海
每朵浪花一样澎湃
每个梦想都值得灌溉
眼泪变成雨水就能落下来
每个孩子都应该被宠爱
他们是我们的未来
这是最好的未来
我们用爱筑造完美现在

第五章　你们还好吗？我……还好！

一
我的小书包

爸爸妈妈给我买了新书包，跟姐姐的一样样！姐姐给我装进了新本本和新文具，云溪也有心爱的小书包了！

但是我的小书包没有魔法，姐姐说里面装满了爸爸妈妈还有我亲爱的老师和小朋友们美好的希望和满满的爱！

放假了，姐姐有时间都会带我到她上学的学校外转悠，看学校大门口，隔着围栏看操场、教室、厕所等等。爸爸妈妈虽然还是忙忙碌碌的，但好像有点不开心，我想安慰他们，又不晓得怎么说好，就天天跟着姐姐学，扫扫地，擦擦桌，择择菜……没事的时候就抱着我的小书包傻乐。

听说我的同学们大都去不同的小学报名了呢，他们都能顺利入学吗？又交了新的朋友吗？小学的老师和幼儿园的老师一样吗？……我的问题好多，像十万个为什么，其实，我更想知道的是他们还好吗。我爸爸妈妈正在给我找学校，我有点小担心……不过，我……还好！

我知道我想上小学还要费老鼻子劲的，因为我和别人不一样，就像我刚上幼儿园时也是和别人不一样的。别人上幼儿园，都是早出晚归的，但我不是，妈妈说老师让我"分时段融合"。最开始，是爸爸或妈妈陪着我，每天在幼儿园玩一会（1—2小时）。后来，我可以在幼儿园待半天。每次，爸爸妈妈都会和老师在那比比画画的，往小本本上写着什么。我将近有半年时间都是这样来来去去的，不过，我认识了好多老师，也交了好多朋友……每次看到小朋友们吃饭吃得好香的时候，我也想吃一碗，唉，我太想在幼儿园吃饭了！终于有一天，几个大人叽叽咕咕后，我就和小朋友们一样，可以早出晚归了！我不仅能和小朋友们一起玩，还能和小朋友们一起吃饭，一起睡觉了！

妈妈和老师都说，要感谢"分时段融合"，我不晓得"分时段融合"都做了什么，却让我在小班待了两年。不过也好，我比别人多了一班好朋友！老师还给我用台湾老师的书评估呢（如图 5-1 到图 5-8 所示）！看，这是我第一次的评估结果，老师还为我量身定做了很多计划（如表 5-1 到表 5-8 所示）！

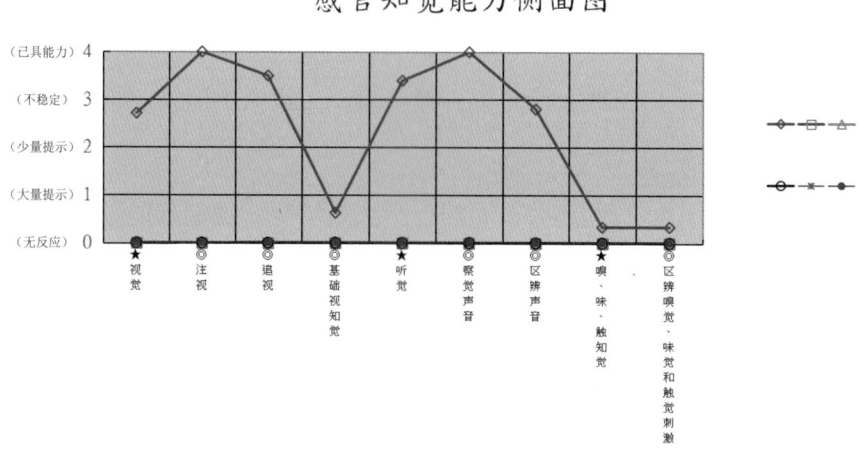

图 5-1　感官知觉能力侧面图

第五章 你们还好吗？我……还好！

粗大动作能力侧面图

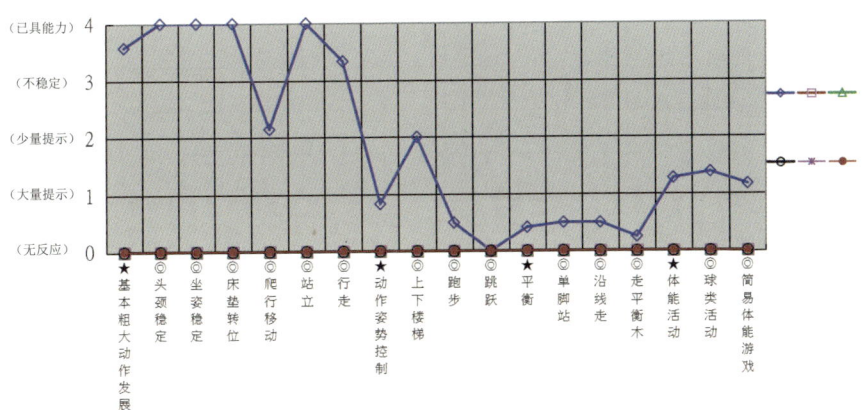

图 5-2 粗大动作能力侧面图

精细动作能力侧面图

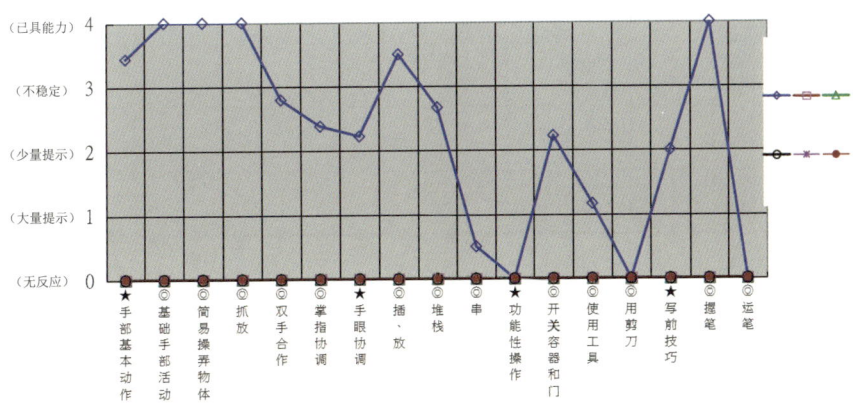

图 5-3 精细动作能力侧面图

幼儿园的美好时光

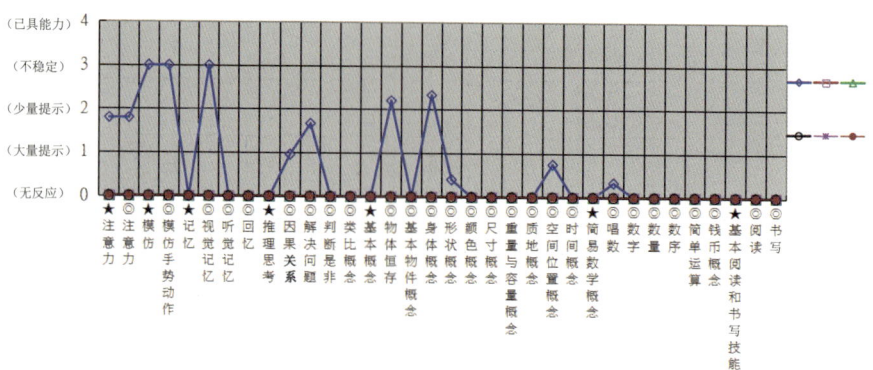

图 5-4　认知能力侧面图

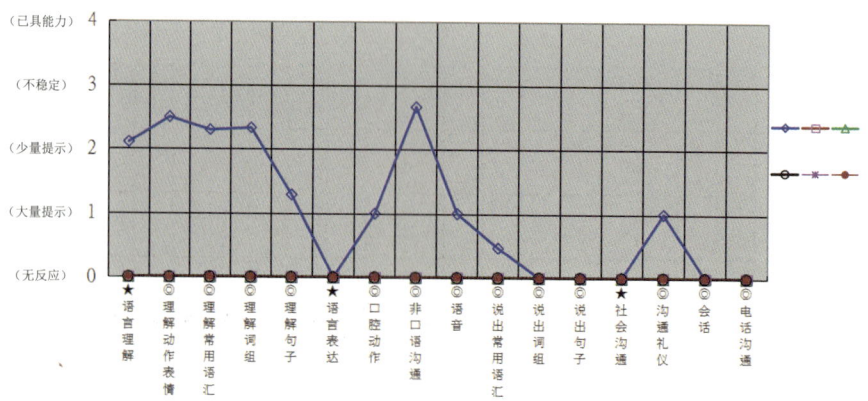

图 5-5　沟通能力侧面图

第五章 你们还好吗？我……还好！

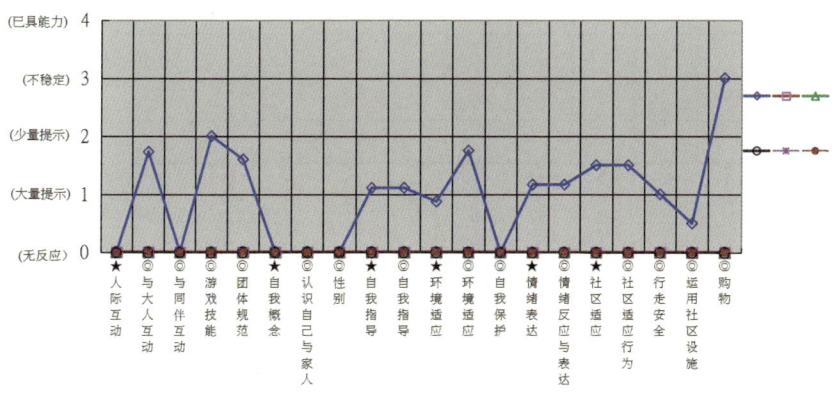

图 5-6 社会适应能力侧面图

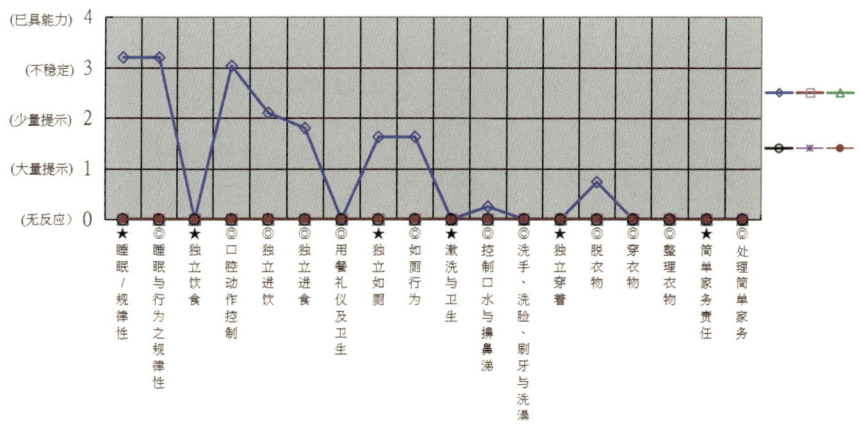

图 5-7 生活自理能力侧面图

217

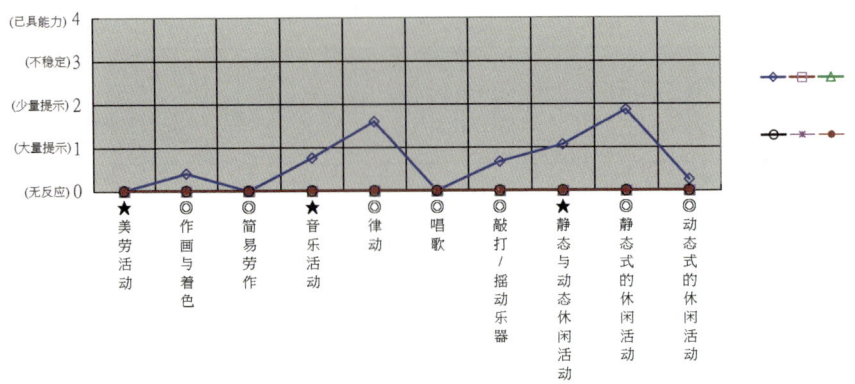

图 5-8　休闲娱乐侧面图

表 5-1　王云溪能力评估报告

王云溪能力评估报告			
班级：<u>小一班</u>　老师：<u>张伊琳</u>　撰写日期：<u>2016 年 12 月 22 日</u>			
领域	发展与学习上的优势	发展与学习上的弱势	备注
整体健康		（1）身高与同龄孩子相比偏矮。 （2）体重与同龄孩子相比偏轻。 （3）体力上比同龄孩子弱许多。	
感官知觉	（1）注视、追视的能力佳，认知整体与部分的能力较好。 （2）声音的察觉能力佳，会以视觉、触觉或行动来寻找声源。 （3）对不同的声音有反应，如生气——皱眉、友善——微笑，可分辨电话声、汽车声、门铃声等。	（1）有视觉配对的意识，可以配对大小差异显著的物品，对于大小、形状、颜色等物品视觉配对较弱。 （2）两片以上的拼图能力较弱。 （3）分辨嗅、味、触觉能力较弱。	听觉 视觉 嗅觉 触觉 味觉 知觉

续表

领域	发展与学习上的优势	发展与学习上的弱势	备注
粗大动作	(1) 基本的粗大动作发展,如头颈、坐姿、床位转体、爬行、站立、行走发展完成。 (2) 能双手扶着栏杆上下楼梯。	(1) 双脚在原地有跳动意识,但跳不起来。 (2) 不会跑步和沿线走(脚不能踩在一条线上)。 (3) 单脚站、走平衡木等平衡活动需要老师拉手辅助,偶尔自己可以完成。 (4) 进行球类活动及简易体育游戏需老师大量辅助。	基本动作 动作姿势 控制 平衡 体能活动
精细动作	(1) 基础手部动作发展较好。 (2) 手眼协调地插、抓放较佳,能准确地将物品插到洞洞板内。 (3) 能进行开关盒子的活动,会简单地使用勺子铲豆子或吃饭(一次一点点)。 (4) 会用手操作简易物体。 (5) 会自如抓放物体或拿起小物。	掌指协调能力较弱,不会用晾衣夹夹物品,不会运用剪刀剪线条图形。	手部基本动作 手眼协调 功能性操作 写前技巧
认知	(1) 短时注意力较好,能注意听他人的讲话,看他人指示的人或物。 (2) 能大致模仿他人的简单手势及动作。 (3) 会自己探索解决问题及寻求他人的帮助。	(1) 解决问题,判断是非,认知类比概念、尺寸概念、重量、时间数字、数序等能力不佳。 (2) 不会使用含空间概念的词语。	注意力 模仿 记忆 推理思考 基本概念 简易数学概念 阅读和写前技巧

续表

领域	发展与学习上的优势	发展与学习上的弱势	备注
沟通	（1）大致理解日常常用词语及表情动作。 （2）会开、闭嘴巴，会做唇部动作，能模仿说出常用的简单词语。 （3）运用非口语沟通（走到其他小朋友旁边拍拍肩膀等）。	（1）对于句子的理解力较弱。 （2）语音不清晰，气息较弱，语言表达能力较弱。	语言理解 语言表达 社会沟通
社会适应	（1）与成人互动较好。 （2）有时能与熟悉的人打招呼。 （3）认识熟悉的人，听到自己的名字有反应。 （4）喜欢找同伴，有与同伴互动的意识。 （5）能用动作及表情等表达自己的情绪。	（1）与同伴互动简单。 （2）能参与的游戏活动较少。 （3）自我指导能力较弱。	人际互动 自我概念 自我指导 情绪表达 社区适应
生活自理	（1）睡眠规律。 （2）口腔控制大致较好。 （3）就餐礼仪较好。 （4）如厕会动作表示（自己蹲下）。 （5）承担家务，会做自己能做的事（扔垃圾、擦桌子等）。	（1）洗手、洗脸方法简单，需要成人动作辅助才能正确洗手。 （2）穿脱衣物、鞋袜需要成人动作辅助。	睡眠/规律性 独立饮食 独立如厕 漱洗与卫生 独立穿着 简单家务责任
休闲娱乐	（1）会随意涂鸦。 （2）喜欢听音乐并参与音乐活动。 （3）静态的休闲活动大致较好。	（1）进行球类活动或玩娱乐设施需要成人辅助。 （2）动手简易操作（如美工、手工活动）方面较弱。	美劳活动 音乐活动 静态与动态休闲活动

表 5-2　个别化教育计划会议记录

个别化教育计划会议记录	
幼儿姓名__王云溪__　　　主持人__朱秀花__　　　记录人__张艳芳__	
时间__2017_年_1_月_4_日_13：00 — 14：30__地点__会议室__	
参会人员（含幼儿园行政人员、班级教师、家长、其他专业人员等）	
讨论事项	决议事项
1. 主持人介绍会议目的、流程及参会人员。 2. 班级教师分别总结性描述孩子在幼儿园的融合情况（自理、运动、区域参与等）。 3. 妈妈分享近期幼儿在家的变化并提出困惑（气息不足，发音不清晰）。 4. 老师介绍幼儿发展评量结果。 （1）综合发展曲线图表：相当于2岁3个月。 （2）发展分类图表：呈现了各领域的最近发展区，重点讨论了粗大动作、沟通领域的目标。 （3）介绍综合分析报告书。 5. 与家长讨论 IEP。 6. 家园双方表达期待。 （1）家长：希望孩子在园开开心心，能够跟得上班级的活动。 （2）教师：希望家长多给孩子机会，让孩子自己做。	1. 双方讨论达成共识，确定云溪下学期的个别化教育计划。 2. 教师给家长建议，家长很认同，表示回家后试一试：气息不足，可以练习吹泡泡；咀嚼能力不够，可以使用磨牙棒，改善饮食，软硬食物都需要吃。 3. 教师会帮助云溪建立友好的同伴关系，设计丰富的活动帮助她更快地适应班级活动。
参与人员签名	职称／关系	参与人员签名	职称／关系
刘冰	师生	王敏	师生
张伊琳	师生	胡彩玲	师生
朱秀花	师生	王××	母女

表 5-3　个别化教育计划

个别化教育计划											
姓名	王云溪	性别	女	年龄	4岁	执行班组	小班	计划实施起止时间	2017年2月4日至2017年6月30日		
参与个别化教育计划者	（包含家长、教学主任、班级教师、相关专业人员等） 王×× 魏慧敏 刘冰 张伊琳 司彩玲 朱秀花 Kay Wells（语言治疗师） Liz Anderson（作业治疗师）										
评量工具	《婴幼儿早期疗育课程纲要》		监护人同意签名		王××	日期	2016年11月28日				
领域	长期目标	代号	短期目标		分步目标	初始表现	预期表现	期末表现	开始日期	完成日期	
感官知觉	会分辨显著的味觉刺激	A30103-2	会通过嗅觉分辨3种熟悉的食物		2	4	4		2月6日	3月3日	
	会通过触觉辨别物体	A30103-1	会通过触觉找出3种不同的物品（勺子、球、杯子、笔）		0	2	2		2月6日	3月3日	
粗大动作	发展平衡能力	B10609	连续跨过3个约10 cm高的障碍物		0	2	2		3月6日	4月28日	
	不需扶持会上下楼梯	B20102-1	不需扶持，会两步一阶上楼梯		0	4	2		5月2日	6月30日	
		B20102-2	不需扶持，会两步一阶下楼梯		0	2	2		5月2日	6月30日	
精细动作	会玩黏土	C10508-4	会用拇指和食指捏扁黏土		1	3	3		2月6日	3月3日	
		C10508-3	会用掌心在桌子上把黏土搓成长条		0	2	3		4月5日	4月28日	

续表

领域	长期目标	代号	短期目标	分步目标	初始表现	预期表现	期末表现	开始日期	完成日期
沟通	练习口语表达方法	E20102-4	会噘嘴吹气（吹笛子、风车、泡泡）	2	4	2	2月6日	3月31日
沟通	能表达需求	E20302-1	会模仿发出无意义的声音	0	3	3	4月5日	6月30日
沟通	能表达需求	H1-8	能用口语或非口语表达出如厕需求	1	3	3	2月6日	4月30日
社会适应	模仿社会行为，迁移生活经验	F10109	在引导下，会与大人玩一来一往的简单互动游戏（如炒萝卜、躲猫猫等）	1	3	3	2月6日	3月3日
社会适应	模仿社会行为，迁移生活经验	F10303-1	利用洋娃娃或布偶玩扮演游戏	1	3	3	4月5日	4月30日
生活自理	能够独立进食	G20303-7	会一手托餐碗，另一手拿汤匙进食	0	2	3	2月6日	3月3日
生活自理	能够独立进食	CL5-2-3	餐后在老师提示下漱口、擦嘴	0	3	2	4月5日	4月30日
生活自理	提升自我服务意识	G30102-1	如厕时会脱下及穿上裤子	0	2	2	3月6日	5月31日

表 5-4　个别化融合教育计划（2017 年 2 月）

个别化融合教育计划					
日期 2017 年 2 月　　幼儿姓名 王云溪　教师姓名　刘冰　张伊琳　李彤彤　司彩玲 融合班级 小一班 （注释：MS＝融入式学习　　ES＝嵌入式学习　　AS＝添加式学习）					
目标代号	目标	幼儿行为表现／现状能力／基本能力	目前的处理方法	可用教学策略	可介入的教育环节
H1-8	能用口语或非口语表达出如厕需求	口语很少，在幼儿园或者新环境中不表达如厕需求或老师不能及时发现需求而尿裤，在熟悉的家人面前会蹲下来示意，家人帮忙脱掉裤子等待小便或大便，小便和大便慢。	定时提醒如厕（每 2 小时或者根据喝水量调整）	MS＿＿＿ ES＿＿＿ AS＿√＿ （1）熟悉环境：能找到厕所的位置，知道小／大便要上厕所。 （2）与老师建立良好的关系，告诉云溪可以用非口语的方式（动作、表情、手势、图片等）跟老师表达，如指指自己／蹲下来／拉着老师到厕所／出示厕所卡片。 （3）午休前练习运用口语表达如厕需求，如尿／便。	衔接午休
E20102-4	会噘嘴吹气（吹笛子、风车、泡泡）	会把玩具含在嘴里，并不能吹出气来，气息很小很微弱	老师示范深吸气并呼气	MS＿＿＿ ES＿＿＿ AS＿√＿ 在"娃娃家"／个人工作时，提供有趣的吹气玩具激发她练习的动机，在做游戏的时候先让她的手抚摸着老师的肚子感受气息的吸与吹，然后吹气到她的手背上让她感受吹出来的气息，在她吹的时候老师抚摸着她的肚子感受和提示她的气息变化，最终成功地吹响。	工作游戏

续表

目标代号	目标	幼儿行为表现/现状能力/基本能力	目前的处理方法	可用教学策略	可介入的教育环节
F10109	在引导下会与大人玩一来一往的简单互动游戏（如炒萝卜、躲猫猫等）	互动意识不强，基本是老师辅助着她做，偶尔做几下，持续做的时间不长	此目标未练习	MS_____ES_____AS__√__ 成人与云溪面对面坐，玩互动游戏，如炒萝卜、砍竹竿、拉大锯等。成人先做动作让她感受，然后交换，当云溪不会做时，成人及时辅助她完成。	游戏
A30103-1	会通过触觉找出3种日常物品	物品与名称的对应关系不清楚，不能大胆地拿出正确的物品	云溪拿出物品后教师进行命名	MS_____ES_____AS__√__ （1）运用"神秘袋"，固定熟悉的物品（球、积木、杯子、勺子、笔等），让她摸过该物品以后再放入"神秘袋"中，过程中教师说出物品的名称。如在老师发出"球"时，云溪通过触摸感知物品，当她拿出正确的物品时及时鼓励："是的，球。"当她拿出不正确的物品时，教师直接说出她拿出的物品名称。 （2）教师在过程中运用策略让她能拿出正确的物品，如把要求拿出的物品放在离"神秘袋"出口近的位置，她能正确拿出。	工作

续表

目标代号	目标	幼儿行为表现/现状能力/基本能力	目前的处理方法	可用教学策略	可介入的教育环节
C10508-4	会玩橡皮泥：会用拇指和食指捏扁橡皮泥	不能控制拇指和食指对捏，捏不住，捏的力度轻	教师辅助她的手捏扁	MS_____ES_____AS__√__ （1）美工区，运用辅具，让她先用五指抓取一个较粗的木棒，然后把拇指和食指翘起来，中指、无名指、小拇指继续握着木棒，发展出拇指、食指翘起来其他手指握着的精细动作。 （2）通过"包饺子"捏饺子皮的动作不断发展拇指和食指对捏。	工作
G20303-7	会一手托餐碗，另一手拿汤匙进食	基本是喂食，自己用汤匙吃饭时会洒很多，手握勺子不稳，未养成托碗拿勺的习惯	此目标未练习	MS_____ES_____AS__√__ （1）减少喂食的次数，让孩子有自己练习的机会。 （2）在餐桌上放一张"一手托餐碗，另一手拿汤匙进食"的图片进行提示，当云溪吃饭时请她看图片并模仿做出动作，教师及时进行提醒或动作辅助。	进餐

表 5-5 个别化融合教育计划（2017 年 3 月）

个别化融合教育计划					
日期 <u>2017 年 3 月</u> 幼儿姓名<u>王云溪</u>　　教师姓名<u>刘冰　张伊琳　李彤彤　司彩玲</u> 融合班级<u>小一班</u> （关键词：MS= 融入式学习　ES= 嵌入式学习　AS= 添加式学习）					
目标代号	目标	幼儿行为表现/现状能力/基本能力	目前的处理方法	可用教学策略	可介入的教育环节
H1-8	能用口语或非口语表达出如厕需求	有时会指厕所，有时不表达。	语言提醒她主动表达如厕意愿	MS＿＿　ES＿＿　AS＿✓＿ 当知道她该如厕时，老师语言提醒她或者动作示范，如说"我要小便"等来跟老师表达出来。当她能表达出来时，及时让她去厕所，并说："云溪很棒哦，表达出来自己要小便。"	衔接 午休
G30102-1	如厕时会脱下及穿上裤子	手臂没有力气，不能将有松紧带的裤子拉上来或者脱下去，脱不及裤子时会尿裤子。没有自己脱/穿过。	辅助她的手帮她脱掉或穿上	MS＿＿　ES＿＿　AS＿✓＿ （1）练习手臂的力量，通过提一些由轻到重的物品或玩具来增强臂力；递给她玩具时，从不同的位置让她举起胳膊去拿/抓。 （2）如厕时先练习穿上裤子，成人将裤子穿到膝盖处，由云溪手拉着裤腰慢慢提上。 （3）午休或睡觉前，练习将裤子脱到膝盖处，而后成人再辅助拉掉一只裤腿，脱掉裤子。起床穿裤子也是如此，成人将裤子穿到膝盖处，由云溪手拉着裤腰慢慢提上。	体育活动 如厕 午休

幼儿园的美好时光

续表

目标代号	目标	幼儿行为表现/现状能力/基本能力	目前的处理方法	可用教学策略	可介入的教育环节
E20102-4	会噘嘴吹气（吹笛子、风车、泡泡）	气息逐渐能变大，但是不能每次都发出稳定的气流	老师带领云溪巩固练习	MS＿＿＿ ES＿＿＿ AS＿√＿ 运用云溪喜欢的吹泡泡，通过吹出泡泡来练习气息，前期先吹气到她的手背上让她感受吹出来的气息，在她吹的时候老师抚摸着她的肚子感受和提示她的气息变化，她能成功地吹出自己喜欢的泡泡。	工作 游戏
F10303-1	利用洋娃娃或布偶玩扮演游戏	扮演形式比较单一，只喜欢喂娃娃	引导她先观察并模仿部分扮演动作	MS＿＿＿ ES＿＿＿ AS＿√＿ 在"娃娃家"，引导她先观察同伴们的扮演活动，模仿动作如炒菜、喂饭、给娃娃洗澡、量体温、穿衣服等，迁移生活经验，丰富扮演形式。	工作
A30103-2	会通过嗅觉分辨3种熟悉的食物	嗅觉正常，但不能通过嗅觉分辨进行命名	闻到一种味道教师说出这种味道的名称，或者做出相应表情	MS＿＿＿ ES＿＿＿ AS＿√＿ 科学区，当云溪操作嗅觉筒时，她闻到一种味道时教师就说出这种味道的名称，或者做出相应表情（甜为笑脸，酸为流口水，辣为呲哈呲哈，苦为皱眉等），让她也跟着模仿做出相应的动作或表情。当她闻到一种味道并做出正确的表情或动作时，及时鼓励："对！××（味道名称）。"	工作
G20303-7	会一手托餐碗，另一手拿汤匙进食	基本是喂食，自己用汤匙吃饭时会洒很多，手握勺子不稳，未养成托碗拿勺的习惯	此目标未练习	MS＿＿＿ ES＿＿＿ AS＿√＿ 减少喂食的次数，让孩子有自己练习的机会。在餐桌上放一张"一手托餐碗，另一手拿汤匙进食"的图片进行提示，当云溪吃饭时请她看图片并模仿做出动作，教师及时进行提醒或动作辅助。	进餐

表 5-6　个别化融合教育计划（2017 年 4 月）

个别化融合教育计划					
日期 2017 年 4 月　幼儿姓名 王云溪　教师姓名　刘冰　张伊琳　李彤彤　司彩玲 融合班级 小一班 （关键词：MS= 融入式学习　　ES= 嵌入式学习　　AS= 添加式学习）					
目标代号	目标	幼儿行为表现／现状能力／基本能力	目前的处理方法	可用教学策略	可介入的教育环节
G30102-1	如厕时会脱下及穿上裤子	有往下脱的意识，但不能完全脱下来。有穿的意识，辅助她的手后能有些力气提上裤子	辅助她的手帮她脱掉或穿上	MS_____ES_____AS__√__ （1）继续练习手臂的力量，通过提一些由轻到重的物品或玩具来增强臂力；递给她玩具时，从不同的位置让她举起胳膊去拿／抓。 （2）如厕时，给她机会让她练习自己穿、脱裤子，当她需要帮助时给予少量的协助。	体育活动 如厕 午休
E20302-1	会模仿发出无意义的声音	基本不模仿发出声音，偶尔发出的声音还很轻很小，仿发的次数 10 次中有 2 次能成功	此目标未练习	MS_____ES_____AS__√__ （1）播放一些简短的儿歌或童谣，使她边唱边熟悉声音，多次鼓励和激发发音的动机。 （2）在一日活动中，不断发出一些无意义的声音与她互动，选择固定的声音与她互动，不断形成有意义的发声。	大组活动 跨情境

幼儿园的美好时光

续表

目标代号	目标	幼儿行为表现／现状能力／基本能力	目前的处理方法	可用教学策略	可介入的教育环节
F10303-1	利用洋娃娃或布偶玩扮演游戏	经提醒能模仿一些扮演活动	教师适时引导她观察并模仿扮演活动	MS＿＿＿ ES＿＿＿ AS＿√＿ 在"娃娃家"，引导她加入同伴们的扮演活动，分配角色，并模仿动作，如炒菜、喂饭、给娃娃洗澡、量体温、穿衣服等，迁移生活经验，丰富扮演形式。	工作
B10609	连续跨过3个约10 cm高的障碍物	有抬脚跨的意识，但抬脚后重心不稳会身体歪而不能跨过去	扶着她的手跨过去	MS＿＿＿ ES＿＿＿ AS＿√＿ 在体能游戏"闯关"中，准备3—5个约10 cm高的障碍物，前期老师先扶着她的手让她跨过去，后期待她掌握平衡后逐渐撤离辅助，连续跨过后可以得到拥抱等增强行为。	户外
CL5-2-3	餐后在老师提示下漱口、擦嘴	不会吐出漱口水，不会用纸巾擦嘴巴，没有吃完饭漱口、擦嘴的意识，会忘记或者去做其他事情了	此目标未练习	MS＿＿＿ ES＿＿＿ AS＿√＿ 教师或同伴示范漱口的步骤，进行工作分析，做出视觉提示图卡，如第一步拿杯子倒漱口水，第二步到盥洗室喝水吐出来，第三步把杯子放好，第四步拿纸擦干净嘴巴。当云溪忘记时，教师或同伴提醒，逐步让她养成漱口、擦嘴的意识。	餐后

表 5-7　个别化融合教育计划（2017 年 5 月）

个别化融合教育计划					
日期 <u>2017年5月</u>　幼儿姓名<u>王云溪</u>　　教师姓名<u>刘冰　张伊琳　李彤彤　司彩玲</u> 融合班级<u>小一班</u> （关键词：MS= 融入式学习　　ES= 嵌入式学习　　AS= 添加式学习）					
目标代号	目标	幼儿行为表现/现状能力/基本能力	目前的处理方法	可用教学策略	可介入的教育环节
G30102-1	如厕时会脱下及穿上裤子	基本能自己脱下裤子，但穿裤子时仍会出现提不上，或者不能整理好裤子而穿歪的情况	辅助她的手帮她整理	MS____　ES____　AS__√__ 如厕时，当她穿裤子时，先语言提醒："两只小手提两边，前面后面整理好。"当云溪不会时，教师再动作辅助她整理。	如厕
E20302-1	会模仿发出无意义的声音	会发出一些简短的音，声音较微弱	此目标未练习	MS____　ES____　AS__√__ （1）播放一些简短的儿歌或童谣，让她边唱边熟悉声音，多次鼓励和激发发音的动机。 （2）在一日活动中，不断发出一些无意义的声音与她互动，选择固定的声音与她互动，不断形成有意义的发声。	大组活动 跨情境
C0508-3	会用掌心在桌上把橡皮泥搓成长条形	会模仿做搓的动作，但手部没有力气，不易控制搓成长条，会搓断	此目标未练习	MS____　ES____　AS__√__ 美工区，请云溪来做可爱的毛毛虫，教云溪做的方法：老师先把橡皮泥放在掌心搓圆，然后放在桌子上，让云溪的手放在橡皮泥上上下搓动，慢慢控制搓成长条，过程中给予力量的辅助与控制，让云溪不断掌握搓的技巧。	工作

幼儿园的美好时光

续表

目标代号	目标	幼儿行为表现/现状能力/基本能力	目前的处理方法	可用教学策略	可介入的教育环节
B10609	连续跨过3个约10 cm高的障碍物	能抬脚跨过一个障碍物，不能连续跨过	鼓励她调整跨的动作，再试一次	MS＿＿＿＿ES＿＿＿＿AS＿√＿＿ 在体能游戏"闯关"中，准备3—5个约10 cm高的障碍物，当她跨过后及时用语言提醒她调整跨的动作，能连续跨过剩余的障碍物，完成后进行击掌表示取得胜利。	户外
B20102-1	不需扶持，会两步一阶上楼梯	一只脚迈步到楼梯上时不稳，会双手趴在楼梯上爬着上	成人扶着她的手，或者让她扶着栏杆	MS＿＿＿＿ES＿＿＿＿AS＿√＿＿ 在上楼梯时，扶着栏杆走2—3阶台阶后，语言提醒云溪："不扶栏杆，试一试独自上楼梯。"当云溪能做到时，老师及时鼓励："云溪真勇敢，上楼梯真稳！"	户外
B20102-2	不需扶持，会两步一阶下楼梯	下楼梯腿软，会坐下来出溜着下	成人扶着她的手，或者让她扶着栏杆	MS＿＿＿＿ES＿＿＿＿AS＿√＿＿ 成人要多鼓励她自己下楼梯，等待她慢慢地下，当她腿软停下来时，及时鼓励并动作辅助她的腿，让她再勇敢迈出，当她做到时及时鼓励："云溪，自己下楼梯，真勇敢！"	工作

表 5-8　个别化融合教育计划（2017 年 6 月）

个别化融合教育计划					
日期 2017 年 6 月　幼儿姓名 王云溪　教师姓名 刘冰　张伊琳　李彤彤　司彩玲 融合班级 小一班 （关键词：MS=融入式学习　　ES=嵌入式学习　　AS=添加式学习）					
目标代号	目标	幼儿行为表现/现状能力/基本能力	目前的处理方法	可用教学策略	可介入的教育环节
E20302-1	会模仿发出无意义的声音	有意识跟着老师发出一些声音，但有些音仍不能发准	教师再次示范	MS＿＿ ES＿＿ AS＿√＿ （1）播放一些简短的儿歌或童谣，让她边唱边熟悉声音，多次鼓励和激发发音的动机。 （2）在一日活动中，不断发出一些无意义的声音与她互动，选择固定的声音与她互动，不断形成有意义的发声。	大组活动 跨情境
B20102-1	不需扶持，会两步一阶上楼梯	能不扶持栏杆，走1—2阶台阶，然后会再扶着栏杆	语言提醒云溪自己勇敢上楼梯	MS＿＿ ES＿＿ AS＿√＿ 上楼梯时，用她喜欢的方式激励她，如"加油！上完楼梯就可以进教室玩玩具了！"。	衔接
B20102-2	不需扶持，会两步一阶下楼梯	扶着栏杆可以下楼梯了，但是还不敢独自下楼梯	语言鼓励和轻轻地扶着她的手	MS＿＿ ES＿＿ AS＿√＿ 下楼梯时，可以让她先扶着栏杆下2阶台阶，然后再提醒她自己下，当她不敢下楼梯时轻扶着她的手，让她勇于尝试，逐渐减少辅助。	衔接

续表

目标代号	目标	幼儿行为表现/现状能力/基本能力	目前的处理方法	可用教学策略	可介入的教育环节
C0508-3	会用掌心在桌上把橡皮泥搓成长条形	会模仿做搓的动作,但手部没有力气,不易控制搓成长条,会搓断	此目标未练习	MS____ ES____ AS_√__ 美工区,请云溪来做可爱的毛毛虫,教云溪做的方法:老师先把橡皮泥放在掌心搓圆,然后放在桌子上,让云溪的手放在橡皮泥上上下搓动,慢慢控制搓成长条,过程中给予力量的辅助与控制,让云溪不断掌握搓的技巧。	工作
H10101-1	会随意涂鸦(如点状、一团乱线、反复画于同一位置或画到纸张范围外)	会用笔点点,但只点几个便不画了;画线时没力气,不能形成线条	握着她的手,随意涂鸦,让她感受涂鸦的乐趣	MS____ ES____ AS_√__ 练习手腕力量,如做一些活动手腕的律动,增强手腕的控制能力。在画画时选择合适的画笔(笔杆较粗一点能握住),在纸上随意涂鸦,完成一幅作品,增强画画的自信。	工作大组

二
美好明天

我要毕业了，爸爸妈妈忙，老师们忙，我们也跟着忙呢！今天，老师又忙着带我们去游学——参观阳光实验小学。我的幼儿园就够大了，谁知道阳光实验小学比我的幼儿园大得更多。

大大的操场，老师说每周一学生和老师都会在这里举行升国旗仪式，就跟电视上那样，只是解放军叔叔换成了学生。大家还在这儿做操，上体育课……

教室也有很多，可是教室里没有厕所，也没地方洗手，想喝水也要去别的地方接，教室只能上课。"唉，小学没有我们幼儿园好。"墩墩叹了口气，又有点不好意思地说，"橙子老师，我跑不快，尿裤子了怎么办？"橙子老师笑了："不会的。今天老师就是带你们来熟悉熟悉环境。每两节课之间都有休息时间，你们的新老师会提醒你们上厕所……"橙子老师给大家讲了好多好多小学的事，小朋友们也问了好多好多奇奇怪怪的问题。有的问题，橙子老师让我们记住，等过几天幼儿园会请去年毕业的小姐姐和小哥哥来讲他们的小学生活，我们就可以问哥哥姐姐们了……

我们还悄悄地走到教室外，从后门偷看那些学生们上课。老师们带着我们走遍了小学的每一个角落，小学和幼儿园真的不一样呢！真期待能进入小学，坐在小学的教室里，听着老师们好听的声音，学习更多的知识，交更多的好朋友……想想明天就很美好呢！